김소영

어린이책을 좋아하는 어른 독자. 어렸을 때는 어린이책을 별로
읽지 않았지만 대학교에 들어가 도서관에서 동화책을 읽으면서
어린이책을 좋아하게 되었다. 국어국문학 전공 수업 시간에도 교재
아래 동화책을 숨겨 놓고 읽을 정도로. 어린이책을 만드는 사람이
된 뒤로 어린 시절 몰랐던 좋은 책들을 찾아 읽고 배우며 독서
인생을 새롭게 시작했다. 십 년 남짓 편집자로 일하는 동안, 책을
만드는 일보다 책을 소개하는 일이 더 좋고 행복했다. 어린이는 물론
어린이와 가깝게 지내는 어른들에게 책을 직접 소개하고 싶어서
출판사를 그만두고 독서교실을 열었다. 빵 학년부터 중학생까지
어린이와 청소년을 만나 책을 권하고, 읽은 느낌을 '말하는' 수업을
하고 있다. 『창비어린이』, 『비버맘』, 『베이비』 등의 잡지에 어린이와
책에 대한 글을 연재했다. 도서관과 출판사에서 어른들에게
어린이의 책 읽기를 주제로 강연을 하기도 한다. 남녀노소 누구라도
어린이책을 읽는 재미와 의미를 느낄 수 있기를 바라고 그 일을 돕는
책을 쓰려고 한다.

어린이책 읽는 법

어린이책 읽는 법

남녀노소 누구나

김소영 지음

유유

어린이책은 재미있다

나는 '어린이'라는 말이 좋다. 이 말을 쓴 방정환 선생님의 뜻 때문이다. 아무렇게나 불리던 어린 동무들을 처음으로 '어린이'라 부르기 시작했을 때 모르긴 몰라도 주변 사람들은 좀 어색했을 것이다. 그럼에도 뜻을 같이하는 분들이 꾸준히 이 말을 쓰고 알리는 노력을 해 온 덕분에 이제는 어엿한 생활어가 되었다. 이 말이 자리 잡은 과정은 어린이의 존재가 드러나고 인정받게 된 과정과도 닮았다. 그래서인지 '어린이'라는 말은 '아이', '아동'보다 당당하고 독립적인 느낌이다. 물론 요즘 시대에 어린이를 아이나 아동이라 부른다고 해서 존중하는 마음이 덜하지 않을 것이다. 다만 나는 어린이를 대하는 나의 마음을 다잡기 위해서, 그리고 이 말에 담긴 뜻을 생각해서 되도록 '어린이'라는 말을 쓴다.

나는 어린이를 존중하듯이 어린이의 독서도 존중해야 한다고 믿는다. 책을 골라 읽고 느낌이나 생각을 정리하고 평가하는 것, 즉 독서는 어린이에게도 사적인 일이다. 어린이 독서의 중요성을 강조하는 것은 좋지만 '내 아이의 독서', '초등 몇 학년에 꼭 마쳐야 하는 독서' 하는 식으로 어른이 어린이의 독서를 관리하고 감상의 방향을 지정하는 것은 어린이로부터 독서의 즐거움을 빼앗기 쉽다. 어린이의 독서는 어린이의 몫이다.

우리가 어린이에게 독서를 가르치는 목표는 당장에 책 몇 권을 이해시키는 것이 아니다. 어린이가 언제나 책을 읽는 사람, 평생 독자가 되게 하는 것이다. 물론 모든 어린이가 열혈 독자가 될 필요는 없다. 책을 아주 좋아하는 어린이도, 책에 심드렁한 어린이도 있을 수 있다. 책을 한번 펼치면 다 읽을 때까지 눈을 못 떼는 어린이도 있고, 한 권을 읽는 데 여러 날이 걸리는 어린이도 있을 것이다. 다 괜찮다. 중요한 것은 다만 책을 읽는 것이다. 지식을 키우는 재미, 이야기에 빠지는 재미, 알 듯 말 듯한 감정을 곱씹는 재미로 책 읽기를 이어 갈 수 있으면 된다.

광화문 광장에 촛불을 들고 서 있던 어느 날, 내가 앞 세대로부터 받은 것이 아무리 많다 해도 더 이상 배울 것은 없다는 사실을, 오히려 그들과 싸워야 할 때가 많다는 사실을 생각하다 새삼 놀랐다. 어린이에게 나 역시 그런 '앞 세대'라는 걸 깨달았기 때문이다. 이런 시대를 뚫고 자라는 어린이는 무엇보다 자신의 생각과 판단을 믿어야 한다. 그리고 함께할 동료, 특히 답답한 앞 세대를 설득하는 데 쓸 생각의 힘이 필요하다. 우리가 알다시피 책은 답을 주기보다 생각할 힘을 준다. 어린이에게 책 읽는 능력을 키워 주는 것은 어른과 싸울 무기를 주는 것이다.

로알드 달의 유명한 동화 『마틸다』는 독서로 단련된 천재적인 두뇌와 약간의 초능력으로 어른을 혼쭐내는 어린이 이야기다. 마틸다는 어린이책이 반드시 재미있어야 하는 이유를 이렇게 말한다.

"어린이들은 어른들만큼 심각하지 않고, 또 웃는 것을 좋아하거든요."

실제로 어린이책은 대체로 재미있다. 그래서 어린이책에 대해 얘기하는 것도 재미있다. 내가 소개하는 어린이책들은 내 글처럼 딱딱하지 않다. 어린이와 관련된 말과 글이 '어린' 취급을 받는 것이 싫어서 애써 건조하게 썼다. 그런 의미에서 내가 종종 맥주를 마시면서 동화책을 읽는 사람이라는 것을 이렇게 굳이 밝혀 둔다.

{ 문을 열면서 }

나는 십 년 남짓 어린이책 편집자로 일했다. 대학 시절 도서관에서 우연히 몇 권의 동화책을 읽은 것을 계기로 '어린이책'의 존재를 알았고, 금방 좋아하게 되었다. 졸업한 뒤에는 출판사에서 그림책과 동화책, 동시집, 지식책, 어린이문학 잡지 등을 만들었다. 편집자로 일하면서 잘 만든, 좋은 어린이책을 많이 만났다.

내가 생각하기에 어린이책의 가장 큰 장점은 독자에게 친절하다는 것이다. 동화는 대개 주인공이 활달하고 이야기가 선명해서 몰입이 잘된다. 연령과 경험에 따라 다른 감동을 느낄 수 있다는 점도 매력적이다. 지식책은 설명이 쉽고 이미지 자료가 많아서 몰랐던 내용을 잘 배울 수 있고, 없던 관심도 생기게 한다. 어린이책은 독서 경험이 좁고 얕은 어른에게도 책의 세계를 친절히 안내해 주고, 그

과정은 어떤 의미에서 세상을 새로 알아 가는 일이기도 하다. 나 역시 어린이책 덕분에 독서 인생을 새롭게 시작했다. 이제 와서 돌이켜 보면 독서의 재미를 배운 것 같다.

어린이책은 '책'의 한 갈래다. 앞서 말한 특징이 있지만 기본적으로는 책이기 때문에 '어른책'과 크게 다르지 않다. 주제가 있고, 그에 맞는 내용과 형식을 담고 있으며, 글이 있으면서 때로 그림이 들어간다. 감정이나 지식을 전달하고, 독자를 생각에 잠기도록 한다. 좋은 책이 있고 아쉬운 책이 있다. 무엇보다도, 좋은 책을 읽는 즐거움은 어린이책을 읽을 때나 어른책을 읽을 때나 다르지 않다. 어린이책의 주요 독자는 어린이지만, 어른에게도 이 갈래로 들어가는 문이 열려 있다는 뜻이다. 어른들이 어린이책을 많이 읽지 않는 것이 나는 늘 아쉬웠다.

물론 어른 걱정할 때가 아니란 걸 깨닫기까지는 오래 걸리지 않았다. 잘 만든 어린이책, 편집자 사이에서 소문난 책이라 해도, 실제로 읽는 어린이는 기대만큼 많지 않았다. 그래도 나는 막연히 '어린이는 좋은 책을 알아본다'라고 주문을 외우듯 책과 어린이의 거리에 대한 고민을 미루었다. '잘 만들기만 하면 어린이가 읽어 줄 것이다'라는 느슨한 생각을 참 강고하게도 했다. 마치 앞에 좋은 책이 있기만 하면 어린이가 스스로 읽어 줄 거라는 듯이, 읽기만 하면 저절로 좋아하게 될 거라는 듯이. 그런 점에서 여기에 쓴 고민과 문제 제기는 사실 나 자신에 대한 반성이다.

생각했던 부분

나는 지금 조그마한 독서교실에서 어린이를 만나고 있다. 내가 회사를 그만둔 이유는 여러 가지인데, 가장 중요한 이유는 책을 읽고 싶었기 때문이다. 바쁘면 책과 멀어지는 것은 책을 만드는 편집자도 여느 직장인이나 다를 바 없다. 심지어 나는 쉬는 시간에 책을 읽는 것조차 일의 연장처럼 느껴져 책과 멀어지기도 했다. 그러면서도 남 걱정할 정도로 어린이책을 열심히 읽던 때가 그리웠다. 나는 다시 책을 읽고 싶었고, 어린이책을 가장 잘 읽을 수 있는 독자, 즉 어린이와 함께 읽고 싶었다.

독서교실을 열면서 생각한 원칙이 두 가지 있다. 하나는 좋은 책을 많이 소개하는 것이다. 편집자로 일하면서 본 좋은 책을 한 권이라도 더 알리고 싶었다. 독서교실 수업에 그 책들을 활용하는 것은 당연했고, 기회가 되는 대로 각종 잡지에 어린이책을 소개하는 글을 썼다. 또 문화센터나 도서관에서 부모님을 만날 기회가 생기면 책을 한 짐씩 들고 가서 소개했다.

또 하나는 어린이가 책을 좋아하도록 돕는 것이다. 그런 점에서 독서를 학습의 일부로 소비하는 것은 반드시 피하고 싶었다. 학습지 형태의 독서 교육이나 독서 퀴즈 같은 테스트는 일시적으로 어린이를 집중시킬 수는 있어도 결코 어린이가 독서를 좋아하게 만들 수는 없다. 특히 '학년별/단계별' 독서 프로그램은 어린이가 이전 단계의 책을 모두 읽고 충분히 이해했음을 전제로 짜인 것이어서, 모든 어린이가 효과를 보기도 어렵다.

나는 어린이 각각의 독서 경험을 최대한 이해하고 어린이가 책과 좋은 관계를 맺도록 하는 데 초점을 두었다. 아울러 지극히 개인적인 행위인 독서에는 어린이 개인의 상황과 개성에 맞게 책을 권하고 이야기 나누는 것이 중요하다고 생각해, 독서 치료와 성격유형지표 검사MBTI 등을 공부했다. 독서교실은 어린이를 한 명씩 만나는 것을 전제로 하며, 상황에 따라 두세 명이 함께 수업하기도 한다. 내가 소개하는 일화 속 어린이가 혼자였다가 여럿이었다 하는 이유다.

어린이들과 나는 수업을 시작하기 전에는 꼭 차를 한 잔 마시며 한 주간 있었던 일에 대해 이야기를 나눈다. 그 일상 이야기에서 아이디어를 얻어 어린이에게 권할 책을 고르거나 그날의 수업 내용을 아예 바꾸기도 한다. 아버지와 『드래곤볼』 만화영화를 보고 "그런데 왜 하필이면 용이랑 공이에요?" 하고 묻는 2학년 주호에게 곧장 이무기와 여의주가 나오는 『좁쌀 반 됫박』을 읽어 주는 식이다.

독서교실 어린이들이 책을 좋아하게 되고, 책을 통해 성장하는 모습을 보는 일은 표현할 길 없이 재미있고 감동적이다. 아람이는 어머니 표현대로 '문맹'인 일곱 살 때 나와 만나 이제 2학년이 되었다. 하루는 부모님이 갑자기 여행을 결정하셔서 독서교실을 땡땡이친 적이 있다. 그날 차 안에서 아람이가 "독서교실도 땡땡이만큼 좋아" 했다는 얘기를 들었다. 땡땡이'만큼' 재미있는 책 읽기라니, 십몇 년 회사 생활에서 들은 어떤 칭찬도 이만큼 기분 좋지 않았다.

생각하지 못했던 부분

그런가 하면 독서교실을 시작하면서 깊어진 고민도 있다. 앞서 말한 좋은 책과 어린이의 거리 문제다. '잘 만들기만 하면 어린이들이 읽어 줄 것이다' 하고 막연히 낙관할 때는 이 거리가 개천 같았는데, 강연이나 상담에서 확인한 바로는 강 정도 되는 것 같았다. 어떻게 하면 어린이와 책 사이를 좁힐 수 있을까?

자녀의 독서 문제를 고민하면서도 너무 막연해서 해결을 미루는 분이 많다. 독서가 중요하다는 말이 '운동을 해야 한다'처럼 당연하지만 어려운 말처럼 여겨지는 것이다. 또 큰 회사의 전집 책을 구입해 그 안에서 해결을 보려고 하는 분도 있다. 세트로 기획된 전집 책은 마치 백과사전 같아서 필요에 따라 책을 꺼내 볼 수 있다는 장점이 있다. 하지만 한 권씩 깊이 있는 독서를 하기는 어렵다.

좀 더 적극적인 분들은 믿을 만한 단행본 목록을 찾는다. 그런데 '추천도서목록'은 그 목록이 따로 필요할 만큼 많다. 목록을 작성하는 기관이며 단체, 심지어 회사가 다양하니 공신력이 떨어진다. 정말 좋은 목록이라고 해도, 그것만 가지고는 어린이의 독서와 연결하기 어렵다. 같은 학년의 어린이라고 해서 같은 책을 좋아하지 않는다. 많은 어린이가 좋아한 책이라고 해서 모든 어린이가 좋아하지도 않는다. 물론 때에 따라서는 재미가 없어도 유익한 책을 읽을 수 있고, 지금은 다 이해할 수 없어도 오래 간직하게 될 책을 만날 수도 있다. 그렇지만 책 읽기를 좋아하지 않고서는 어떤 독서든 지속할 수 없다. 좋은 책의 목록은 독서의 중요한 참고 자료지만, 그것만으로는 충분하지 않다.

결국 어린이가 책과 가까워지기 위해서는 책 읽는 방법을 배워야 한다. 그런데 책을 읽는 방법을 배워야 한다는 데에서 고개를 갸웃하는 분이 있다. 책은 자연스럽게 읽고 자기 몫의 감상을 간직하면 된다고, 읽는 방법을 배우고 적용하는 게 오히려 감상을 방해한다고 걱정하는 것이다. 억지스러운 '독후 활동'의 폐단은 나 역시 걱정하고 경계한다. 그러나 책 읽는 방법을 배우는 것은 이해를 깊게, 감상을 풍요롭게 하는 도구를 얻는 것이지, 유일한 잣대를 가지는 것이 아니다. 도구를 잘 다루면 도구로부터 자유로워진다.

덧붙여 요즘 세대 어린이에게는 책 말고도, 아니 책보다 재미있는 것이 많다. 스마트폰이며 인터넷, 텔레비전의 즉각적이고 강렬한 재미에 비해 책이 주는 재미와 감동은 모호하고 멀다. 그러면서도 책은 더 많은 수고, 즉 생각을 요구한다. 그렇기 때문에 책의 힘이 세다. 이런 책의 힘을 믿는 분이라면 더욱 어린이가 책 읽는 방법을 배워 책만이 주는 즐거움을 스스로 찾아낼 수 있게 도와야 한다.

독자로서의 어린이

그런데 어린이 독서 교육을 논하는 책은 대체로 독서를 학교 공부와 연관 지어 설명한다. 실제로 공부의 기본이 '읽기 능력'과 연관되기 때문에 독서와 공부를 연결하는 것인데, 엄밀히 따지면 여기서 말하는 '읽기 능력'은 자료를 분석하는 능력이므로 '책 읽기'와는 접근이 다르다. 한 줄 한 줄 텍스트를 분석하는 연습을 하는 것도 의미는 있지만, 그런 공부와 책 읽기는 구별해야 한다.

심지어 독서가 기적을 일으킨다고 주장하는 꽤 유명한 지도서에서는 책을 많이 읽어서 공부를 잘하게 된 나머지 학교 수업을 시시해하는 아이를 영웅시하기도 한다. 게임과 연예인의 '나락'에서 어린이를 구원하려면 책을 읽히라고도 한다. 설령 책을 많이, 잘 읽는 아이가 공부를 잘한다고 해도, 독서의 목적을 성적에 두는 데에는 동의할 수 없다. 책을 많이 읽어서 학교생활이 재미없어졌다면 독서가 생활의 질을 떨어뜨린 셈이다. 게임을 하고 연예인을 좋아하는 것은 요즘 어린이의 생활에서 일부분일 뿐 잘못이 아니다. 그런 어린이도 얼마든지 책을 좋아할 수 있다.

독서를 학교 공부의 배경 지식을 쌓는 도구로 여기는 책도 많다. 읽은 책이 그렇게 활용될 수야 있겠지만, 교과 연계에 연연하다 보면 독서의 폭이 좁아진다. 책을 직접 고르는 즐거움이나 책이 주는 여운을 간직하는 기쁨은 기대하기 어렵다. '몇 학년에 갖추어야 할 어떤 독서 능력' 식의 설명도 마찬가지다.

이런 책들을 읽으면서 나는 어른이 어린이의 독서를 통제할 수 있다는 기조를 본 듯해 마음이 불편했다. 어린이도 역시 '독자'라는 사실은 모른 척하고 가르칠 대상으로만 보는 것, 어린이의 생활과 개성을 무시하고 책 읽기를 최우선 가치로만 여기는 것이 과연 어린이와 책 사이를 좁히는 데 도움이 될지 의문이 든다.

초보 독자일지언정 어린이도 독서의 세계에서 어엿한 시민권자다. 같은 책을 읽었다면 책에 대해 느끼고 평가할 수 있는 자격이 어린이에게도 어른과 동등하게 주어진다. 분야에 따라서는 어른보다 심오한 독서를 할 수도 있다. 책이야 적게 읽을 수도 있고 많이 읽을 수도 있다. 어린이는 독서라는 광대한 세계에 발을 딛고 한 권 한 권 읽어 가며 각자의 탐험을 한다. 안내자가 필요하지만 안내자의 의견만 따라다녀서는 안 되고 사실 그럴 수도 없다. 주입식 독서 교육에 지친 어린이는 책의 세계가 자신과 맞지 않는다고 생각해 떨어져 나가거나, 수동적인 독자가 되고 만다.

내가 생각하는 책 읽기의 가장 큰 소득은 성적이 오르는 것이 아니라 사고력이 커지고 안목이 높아지는 것이다. 사고력은 말 그대로 생각하는 힘이다. 어린이가 책을 읽으면서 내용을 이해하려고 애쓸 때, 책을 읽고 의견을 정리하려고 애쓸 때, 책이 던지는 질문에 답하려고 애쓸 때 생각하는 근육이 발달한다. 사고력은 발전적인 삶을 위해 일생에 걸쳐 필요한 능력이다. 안목은 자기에게 필요한 책을 스스로 골라서 읽고, 그 책에 대해 평가하는 능력이다. 책을 보는 안목을 기르면 어른이 되어서도 책 읽기를 즐길 수 있고 책이 주는 재미와 감동을 오래 간직하며 삶을 풍요롭게 만들 수 있다. 바꾸어 말하면 어린이가 책 읽기를 배우는 목표는 평생 독자 되기이다. 그런 점에서 내가 생각하는 독서 교육은 독자 교육에 가깝다. 물론 독자를 어떤 틀에 맞게 훈련시킨다는 뜻이 아니라, 초보 독서가가 평생 독서가가 되도록 돕는다는 뜻이다.

아울러 나는 '어린이책 읽는 법'이 단순히 텍스트를 분석하는 방법을 의미한다고 보지 않는다. 먼저 어린이 독자가 자신의 위치를 알아야 한다. 나이와 학년, 교과 과정에 연연하지 않고 자신의 취향과 읽기 수준을 파악해야 그에 걸맞은 계획을 세울 수 있다. 어린이가 스스로 하기 어렵다면 어른이 거들어야 한다. 또 계획은 어린이가 원하는 책을 실컷 읽을 수 있게 한다는 것을 바탕으로 세워야 한다. 책의 종류에 따라 어디에 초점을 두고 읽어야 할지 안내도 해야 한다.

여기 적힌 이야기는 그 방법을 찾으며 생각한 것이다. 상담에서, 강연에서 보고 듣고 생각한 것, 독서교실에서 수업한 내용을 녹이려고 했다. 내가 아는 '잘 만든 어린이책'을 소개 삼아 인용하기도 했다. 책을 읽는 사람이 어린이인지 어른인지는 굳이 구분을 두지 않았다. 어린이에게 책을 권하는 어른이라면 되도록 그 책을 함께 읽기를 원하기 때문이기도 하고, 어린이와 어른이 책 읽는 방법이 특별히 다르다고 보지 않기 때문이다. 다만 어린이는 책 읽는 방법을 배워 가고 있는 독자라는 점은 중요하게 여겼다. 혹시 독서에 정체기를 겪고 있는 어른이라면, 이참에 어린이책을 함께 읽으면서 내 얘기를 참고해 봐도 좋겠다는 마음이다.

I
자리 잡는 법

1
{ 독자의 취향 — 어떤 독자인가? }

음악을 좋아한다고 해도 사람마다 결이 다르다. 똑같이 클래식 음악을 좋아한다고 해도 클래식 라디오 방송을 틀어 두고 할 일을 하는 사람도 있고, 연주회장을 찾아다니는 사람도 있고, 좋아하는 곡을 직접 연주하고 싶어서 악기를 배우는 사람도 있다. 각별히 좋아하는 곡을 여러 연주자의 앨범으로 간직하는 사람도 있다. 클래식 음악엔 관심이 없고 록이나 가요를 좋아하는 사람도 있다. 책과 독자의 관계도 그렇다.

이 세상에 책이 아무리 많다고 해도 독자는 책보다 다양하다. 어린이 독자의 경우도 마찬가지다. 같은 책을 좋아하는 이유가 다르고, 읽어 온 책이 다르고, 더 좋아하는 책이 다르다. 필요한 책이 다르다는 뜻이다. 그래서 '어떤 책을 읽어야 할까', '어떻게 읽어야 할까'에 앞서 반드시 파악해야 하는 것이 '나는 어떤 독자인가'이다. 독서, 특히 어린이의 독서는 즐거움을 바탕으로 해야 한다. 독자 자신이 어떤 책을 읽을 때 즐거운지 먼저 알아야 한다.

나는 어린이를 처음 만날 때 가장 좋아하는 책을 한 권 갖고 와 달라고 미리 부탁한다. 좋아하는 책이 마땅치 않으면 싫어하는 책을 갖고 와도 된다. 여기에는 몇 가지 이유가 있다. 먼저 그 책을 잘 소개할 수 있는지, 내용을 잘 파악하고 있는지, 좋아하거나 싫어하는 이유를 적절한 어휘로 설명할 수 있는지를 보기 위해서다. 좋아하는 책을 설명할 때 즐거워지고 할 말이 많아지기 때문에, 낯선 선생님과 만나 긴장한 어린이도 부담을 덜고 이야기를 한다. 나 역시 어린이에게 익숙한 책을 매개로 질문할 수 있어서 좋고 어린이와 공감대를 찾기가 쉽다.

더 좋은 점은 내가 어린이의 취향을 알 수 있고, 그 취향이 존중받을 만하다고 알려 줄 수 있다는 사실이다. 아끼는 그림책을 소개하면서 뿌듯해한 세준이도 1학년이었고, 그와 비슷한 수준의 그림책을 가져와서 '이것보다 두꺼운 책'을 읽고 싶다고 한 지은이도 1학년이었다. 세준이에게는 당분간 그림책을, 지은이에게는 글이 더 많은 책을 권하는 것이 맞다. 좋아하는 마음을 존중받고, 읽고 싶은 책을 충분히 읽어야 낯선 책에도 손이 가는 법이다. 클래식 라디오로 충분한 이에게 희귀한 연주 음반을 들으라고 강요할 수 없는 것처럼, 단지 어린이라는 이유로 원하지도 않고 수준에도 맞지 않는 책을 읽을 의무는 없다.

첫 만남에 지구 내부를 소재로 한 학습만화를 가져온 3학년 재훈이는 자신이 과학을 좋아하는 데다 이 책이 웃기기 때문에 좋다고 했다. 질문해 보니 대부분 어린이가 그렇듯이 '학습' 부분은 건너뛰고 '만화' 부분만 재미있게 보고 있었다. 만화를 좋아하고, 과학에 관심은 있지만 아직 적절한 책을 읽어 본 적이 없는 것이다. 그래서 본격 만화 『귀신 선생님과 진짜 아이들』과 함께 『지구 반대쪽까지 구멍을 뚫고 가 보자』 같은 유머러스한 과학책을 몇 권 소개했다.

5학년 혁준이는 싫어하는 책이라면서 『손도끼의 겨울 이야기』를 가져왔다. 아버지가 훌륭한 모험 이야기라며 읽으라고 하셨는데 도저히 못 읽겠다는 것이었다.

"선생님, 여기 좀 보세요. 무슨 뜻인지 하나도 모르겠어요."

이 책은 비행기가 불시착해 삼림 지대에서 홀로 겨울을 나야 하는 열세 살 소년의 이야기를 그린다. 간간이 혼잣말이 있을 뿐 따옴표 들어간 대화가 거의 없고, 캐나다 북부의 겨울 풍경도 낯설어서 묘사를 따라가려면 꽤 집중력이 필요하다. 군데군데 펼쳐 내게 읽어 주며 분통을 터뜨리는 혁준이가 이해가 됐다. 분명히 좋은 작품이지만, 혁준이에게는 너무 어려웠을 것이다. 무엇보다 『손도끼』의 후속작이기 때문에 아무래도 그것을 먼저 읽고 나서 읽어야 재미가 있다. 혁준이는 전작이 있다는 사실도 몰랐다. 나는 혁준이에게 물었다.

"아버지가 왜 이 책을 권해 주셨을까?"

"신문에서 필독서라고 했대요. 저는 책을 별로 안 읽으니까 이런 책이라도 읽어야 된다고 하셨어요."

"뭐, 책을 별로 안 읽는 사람도 있지. 그런데 책을 싫어해서 안 읽는 거니, 아니면 다른 이유가 있니?"

"싫어하는 건 아니고요, 제가 읽고 싶은 책이 집에 없어요."

'읽고 싶은 책'이 있다는 건 언제나 좋은 신호다. 어떤 책을 읽고 싶은지 물었더니 혁준이는 조금 주저하다가 추리소설을 좋아한다고 했다. 부모님이 그런 책은 안 사 주신다고 하는 걸 보니, 왠지 '독서교실'에서 이야기하기가 부끄러웠던 모양이다. 그런데 내가 진지하게 대하며 이유를 묻자 혁준이 역시 사뭇 진지하게 대답했다.

"제가요, 비밀을 풀어 가는 이야기를 좋아하거든요."

나는 이때다 하고 『귀신 잡는 방구 탐정』과 『봉봉 초콜릿의 비밀』을 권했다. 두 권 모두 친숙한 '동네'에서 일어나는 사건을 다루는 이야기이고, 어린이들이 주도적으로 사건을 해결한다. 『귀신 잡는 방구 탐정』은 네 개의 사건이 옴니버스 형식으로 묶여 있으니 한두 편 읽고 재미없으면 그만 읽어도 된다고 안내했다. 혁준이는 이 책들의 후속작인 『괴물 쫓는 방구 탐정』, 『명탐정 설홍주, 어둠 속 목소리를 찾아라』까지 읽었다. 나는 혁준이가 여러 주에 걸쳐 읽을 줄 알았는데, 혁준이는 그 책들을 단 2주 만에 다 읽었다. 나는 이것이 독서를 존중받은 경험과 조잡한 문방구 책이 아니라 '진짜 책'으로 만들어진 재미있는 이야기를 만난 덕분이라고 생각한다. 추리소설의 애독자라면 범인을 알지 못한 상태에서 책을 덮을 수 없었을 테고.

　여기서 한 가지 살펴볼 것이 있다. 책을 읽지 않는 어린이에게 '필독서'를 읽게 하는 게 좋은 일일까? '필독서'라는 것이 과연 의미가 있는지, 믿을 만한지는 차치하고 말이다. 어린이가 책을 읽지 않는 이유는 독서에서 즐거움을 느끼지 못하기 때문이다. 그렇다면 이 어린이에게 독서의 즐거움을 찾아주는 것이 먼저다. 그런데 어떤 책을 '필독서'라고 부를 때는 '읽어야 한다'는 의미가 포함된다. 어린이에게 권할 때도 그 의미는 고스란히 전달된다. 많은 어른이 책을 읽지 않는 어린이에게 '정 그렇다면 이 책만이라도 읽어라' 하는 의미를 가지고 권한다는 말이다. 그렇지 않아도 독서가 내키지 않는 어린이 입장에서 궁지에 몰려 읽는 책이 재미있을 리 없다. 당연한 결과로 독서가 더 싫어진다. 주변의 어른들이 '이 책만은 읽게 하자'라는 생각을 버리고 이 어린 독자는 어떤 책을 좋아할까를 먼저 살펴보는 것은 그래서 중요하다.

　한편 6학년 유미는 독서교실의 많은 책 중에서도 고전동화를 좋아한다. 두꺼운 양장 제본에 표지가 아름다운 책이

"예뻐서 좋고, 이야기가 길어야 재미가 느껴지기 때문"이
라고 한다. 유미는 『오즈의 마법사』, 『하이디』, 『키다리 아
저씨』, 『크리스마스 캐럴』 등을 몇 번이고 읽었다. 그런데
『꿀벌 마야의 모험』만은 읽지 않겠다고 했다. 여러 곤충이
제각각 특징에 맞게 묘사되었고, 마야가 쾌활하고 유머 감
각이 있어서 재미있게 읽을 수 있을 거라고 했는데도 소용
없었다.

"저희 엄마가 생태학교 선생님이어서 저 곤충 책 많이
읽었어요. 근데 저는 벌레가 진짜 싫어요. 엄마 따라서 숲
체험 진짜 많이 갔는데요, 가면 너무 덥고 다리 아파요."

유미 어머니가 아시면 서운하실 테지만, 우리끼리는 좀
웃었다.

2
{ 독자의 수준 — '읽기 레벨' 믿어도 될까? }

어린이는 초보 독자이므로 스스로 원하는 책을 고를 수 있기까지 어른의 도움이 필요하다. 책을 고를 때 어린이의 취향과 함께 고려해야 할 것은 읽기 수준이다. 그런데 눈앞의 이 책이 이 어린이에게 적당한 수준인지 아닌지 알아낼 방법은 무엇일까? 어린이 독서에서는 늘 어려운 문제다. 물론 제일 나은 방법은 부모나 교사 등 어른이 먼저 읽어 보고 이 어린이에게 적합한 수준인지 가늠하는 것이다. 그런데 유아기라면 모를까 초등학생 수준으로 넘어오면 어른이라고 해도 어린이책을 다 미리 읽기 어렵다. 결국 학교나 도서관에서 나누어 주는 추천도서목록을 참고하고, '학년별 교과 연계 도서'로 광고되는 책을 찾아본다. 출판사에서 표시한 '읽기 레벨'은 그중에서도 가장 많이 참고되는 기준이다. 이름은 각각이지만 대체로 학년에 따라

표기하는데, 1단계 책이면 저학년(1~2학년)이, 2단계 책이면 중학년(3~4학년)이, 3단계 책이면 고학년(5~6학년)이 읽는 책이라는 식이다.

그런데 이 기준만을 믿고 따르기에는 몇 가지 문제가 있다. 이와 같은 '읽기 레벨'은 출판사가 임의로 정한 것이다. 한국에는 공인된 읽기 난이도 측정 방식이 없다. 그래서 한국 출판사는 대체로 원고의 분량이나 소재에 따라 책의 레벨을 구분해 표기한다. 짧은 책은 저학년용으로, 길거나 내용이 어른 소설에 가까운 것은 고학년용으로 나누는 식이다. 나름대로 숙고한 결과겠지만 사실 의문이 드는 경우가 많다. 분량이 길어서 고학년 책으로 분류되지만 저학년 어린이도 즐겁게 읽을 수 있는 책도 있고, 반대로 분량이 짧아서 1단계로 구분되었지만 주제가 꽤 어려운 책도 있다.

한 가지 예로 단편동화집은 종종 '틈틈이 한 편씩 읽으면 된다'는 기대로 저학년에게 권장되는데, 실제로 저학년 어린이는 단편동화집을 그다지 반기지 않는다. '이야기 하나 = 책 한 권'으로 여기는 어린이 입장에서는 단편동화집 한 권을 읽는 데 책을 여러 권 읽는 만큼의 수고가 필요하다. "두 번째 것(작품)을 다 읽을 때까지, 앞에 있는 거랑 다른 얘기인 줄 몰랐어요"라며 불만스러워한 어린이 독자도 있었다. 또 고학년 어린이는 저학년용 책 읽기를 싫어한다며 권하지 않는 분도 있는데 실제로 어린이는 그런 것을 크게 신경 쓰지 않는다. 부모님이나 선생님으로부터

"동생들 책은 그만 읽고 이제 네 학년에 맞는 책을 읽어야 한다"라는 말을 들을 때 부끄러움을 느낄 뿐이다.

성우 어머니는 성우가 어렸을 때 그림책을 많이 읽어 주셨다고 한다. 그런데 성우가 초등학교에 입학한 뒤에는 "책이 너무 길어져서" 읽어 주기 어려워졌단다. 5학년이 된 성우는 학교에서 추천한 책을 끝까지 읽는 법이 없고, 서점가의 베스트셀러에도 별로 관심이 없단다. 성우가 나와 처음 만날 때 가져온 책은 학습만화 한 권과 '해리 포터' 시리즈 중 한 권이었다. 학습만화는 역시 만화가 웃겨서 좋아하는 책이고, '해리 포터'는 뜻밖에도 싫어하는 책이라고 했다.

"여기 나오는 사람이 너무 많고요, 이야기가 어떻게 되는지를 잘 모르겠어요."

짧은 책을 한두 권 같이 읽어 보니, 성우는 이야기를 좋아하고, 읽는 동안 웃거나 놀라는 등 자신의 감정도 잘 표현하는 독자였다. 다만 이야기가 길어지면 앞부분과 연결하기를 어려워했다. 일부 낭독을 부탁했을 때는 건성으로 보아서 글자를 틀리게 읽거나 '했습니다'를 '했다'로 대충 읽는 모습도 보였다. 성우 말로는 어머니가 여전히 잠자리에서 책을 읽어 주시는데 1학년인 동생이 가져온 그림책을 읽어 주실 때도 있고, 어머니가 좋아하는 고전 동화를 읽어 주실 때도 있다고 했다. 성우 스스로 책을 골라 보거나 실제 수준에 맞는 책을 읽을 기회가 별로 없었던 것이다.

성우에게는 이야기의 구조가 명확한 책, 다 읽었다는 성취감을 줄 수 있는 책이 필요했다. 나는 성우에게 아주 낮은 단계의 책부터 이른바 '고학년용 책'까지 이십여 권을 보여 주고, 읽고 싶지 않은 책을 다섯 권 골라낼 권한을 주었다. 성우는 두껍거나 표지 그림이 진지한 책을 골라냈다. 우리는 읽을 책의 목록을 죽 적고, 다 읽을 때마다 옆에 동그라미를 치기로 했다.

그렇게 해서 성우가 맨 먼저 읽은 책은 출판사에서 1레벨로 분류한『이 고쳐 선생과 이빨투성이 괴물』이었다. 마음씨 좋은 치과 의사 이 고쳐 선생은 얼떨결에 '이빨 만 개'를 가진 동물 환자의 예약을 허락하고 뒤늦게 걱정하면서도 갑옷 등으로 만반의 준비를 갖춘다. 이웃 사람들이 이 괴물의 방문에 반대해서 소동이 일어나기도 하지만 알고 보니 이빨 만 개 동물은 달팽이였다는 귀여운 반전이 있는 이야기다. 성우는 이 64쪽짜리 책을 읽고 줄거리를 요약한 뒤 이 고쳐 선생의 성격에 대해 얘기하고("너무 착해요.", "꼼꼼해요.") 그의 기분이 어땠을지 짐작하고("후회됐을 거예요.", "기대하는 마음도 있었을 것 같아요.") 나라면 괴물 맞이 준비를 어떻게 했을까 떠올려 보면서("냉장고를 하나 더 사서 먹이를 가득 채우고, 괴물이 난동을 부릴 수도 있으니까 커다란 그물을 천장에 매달아 놔요.") '동화 읽기'를 배웠다.

마찬가지로 낮은 단계의 책으로 분류되는 『캡슐 마녀의 수리수리 약국』이나 『왕창 세일! 엄마 아빠 팔아요』, 『화요일의 두꺼비』도 읽었다. 부족한 어휘 감각을 키우기 위해 속담 책도 읽고, 관용적인 표현이 나오면 뜻을 알려 주고 활용해 보게 했다. 재미 삼아 보고 어머니께도 보여 드리라고 오랫동안 사랑받아 온 만화 '맹꽁이 서당' 시리즈도 권했다. 조선 왕과 신하의 이야기가 재미있고, 훈장님과 학동들의 농담에 말맛이 살아 있는 역사만화다. 변화는 조금씩 꾸준하게 일어났다. 128쪽짜리 『멋진 여우 씨』에도, 176쪽짜리 『학교에 간 사자』에도 동그라미가 그려졌다.

출판사의 '읽기 레벨' 이야기로 돌아가자. 여기에는 책이 처음부터 레벨을 의식하고 쓰이는 부작용도 있다. 저학년 책이라고 무조건 쉬운 말로 유치하게 표현하거나 고학년 책이라고 어른 사이에서나 쓸 법한 표현을 고민 없이 쓰기도 한다. 어느 쪽이든 독자인 어린이에게 결례다.

'읽기 레벨'을 구분하기 위해서는 한 권 한 권에 깊이 있는 평가가 필요하다. 문학 작품이라면 글의 분량만큼이나 주제의 깊이를 고려해야 한다. 지식책이라면 주제가 몇 학년 몇 학기 교과와 연결되는지만 따지지 말고 내용과 형식이 두루 몇 학년 어린이에게 흥미를 일으킬지 가늠해야 한다. 출판사가 따지지 않는다면 책을 골라 주는 어른이 이 점을 따져 봐야 한다. '읽기 레벨'보다 중요한 것은 어린이의 읽기 수준이니, 권장 연령은 참고만 하는 것이 좋다. 각종 '추천도서목록'을 참고할 때도 마찬가지다.

  잠깐 뒷이야기를 하자면, 몇 개월 뒤 성우 어머니가 즐거운 얼굴로 찾아오셨다.

  "저랑 남편이랑 드라마 『정도전』을 보고 있는데요, 성우가 저 사람이 이성계냐, 이성계가 지금 왕이냐 아니냐 묻더니, 슬그머니 일어나더라고요. 그러고는 책꽂이에서 『맹꽁이 서당』 1권을 꺼내서 자기 방에 들어가는 거예요. 성우가 뭔가 궁금해서 책을 찾아보는 걸 제가 처음 봤어요. 정말 깜짝 놀랐어요."

  예상하지 못한 성과는 또 있었다. 그 계절에 성우가 국어 시험에서 백 점을 받은 것이다. 전에는 국어 시험지의 지문이 어려워서 읽지 않고 그냥 문제를 풀었는데, 이번 시험에서는 처음으로 지문을 읽어 보았다고 하더란다. 고학년 어린이든 어른이든 마찬가지다. 읽기를 배우지 않으면 잘 읽을 수 없다. 읽기를 배우려면 쉬운 것부터 차근차근 배워야 한다. 다른 길은 없다.

II
책 고르는 법

3
{ 어떤 책을 고를까? }

평일 도서관 어린이자료실에는 어른이 많다. 학교에 가 있는 자녀 대신 책을 빌리러 온 분들이다. 추천도서목록이 적힌 종이를 들고 자료를 검색하고 책을 찾고 빌리고 하는 과정이 귀찮을 텐데도 모두 열심이다. 대출 데스크에 수십 권씩 책을 쌓는 분도 있고, 바퀴 달린 가방을 이용하는 분도 있다. 이런 풍경을 보면 독서 교육에 쏟는 관심이 느껴져 좋으면서도 한편으로는 노파심이 든다.

앞서 말했듯이 나는 어린이가 책을 고르는 안목을 키우는 것도 중요한 교육이라고 생각한다. 아직 읽어 보지 않은 책을 자신이 읽을 만한 책인지 판단해 보는 것이다. 안목을 키우는 과정에는 당연히 실패가 포함된다. 예를 들어 제목이 재미있고 그림이 마음에 들어서 읽기 시작했는데 막상 읽어 보니 만족스럽지 않을 수도 있다. 비슷한 경험이 반복되면 앞으로 책을 고를 때는 제목이나 그림에 덜 의존하게 된다. 별 생각 없이 골라 읽은 책인데 재미있으면 다음에는 같은 작가의 책이나 비슷한 주제의 책을 골라 읽게 된다. 부모님이나 선생님이 자신에게 책을 골라 줄 때 무엇을 기준으로 삼는지 배우는 것도 독서 교육의 중요한 부분이다. 그런데 부모가 책을 '배달'해 주면 아무래도 이런 감각을 익히기 어렵다. 초보 독자인 어린이는 좋아하는 책을 실컷 읽을 권리도 있고, 책 고르는 방법을 배울 권리도 있다.

어린이에게 책을 골라 주는 어른은 한 발 앞서 책을 파악하고, 어린이와 의견을 주고받는 과정을 짧게라도 거치는 편이 좋다. 설령 어린이가 좋은 책을 거절하거나 어른의 마음에 들지 않는 책을 읽겠다고 고집을 부리더라도 이것 역시 독서 교육 과정임을 잊지 말자. 이 의견 주고받기에서 참고할 사항이 몇 가지 있다.

목적에 맞는 책인가

『매일매일 일어나는 독서의 기적』에는 목적에 맞는 책 고르기에 대한 재미있는 비유가 있다. 골프를 칠 때와 산책을 할 때 신는 신발이 다르듯이 책을 읽는 목적에 따라 필요한 책이 다르다는 것이다. 재미를 위해 읽는 책과 무언가 배우기 위해 읽는 책이 다르다는 뜻도 된다. 어린이가 읽을 책을 함께 고를 때 마음에 둘 말이다. 언제, 어디서, 왜 읽는지를 고려해 책을 고르자.

4학년 예진이는 책을 무척 좋아해서 어디든 책을 들고 다닌다. 한번은 수업이 끝나고 예진이가 내게 따로 부탁한 적이 있다.

"저희 가족이 이번 주말에 제주도로 여행을 가거든요. 그때 읽을 책 좀 추천해 주세요."

"좋겠다! 그런데 제주도에는 처음 가 보는 거니? 그러면 제주도에 대한 책을 권해 줄까 하고."

"저 제주도 세 번째 가는 거예요. 동생이랑 체험장 가는 거 말고는 숙소에 있을 것 같아요. 『키다리 아저씨』처럼 재미있는 이야기 책 읽고 싶어요."

내가 예진이에게 권한 책은 『13층 나무 집』과 『26층 나무 집』이었다. 본격 문학은 아니고 만화 형식으로 된 가벼운 책이다. 가족과 함께 다니는 여행이라 혼자 책에만 빠져 있을 수는 없을 테니, 집중해서 읽어야 하는 긴 동화책보다 적당하다고 생각했다. 이유를 설명했더니 예진이도 좋다고 했다. 그리고 돌려줄 때는 2학년인 남동생이 옆에서 같이 읽으면서 깔깔 웃었다고 소감을 전해 주었다. 남매의 여행 추억에 재미있는 책이 추가되었을 것이다.

책을 그리 좋아하지 않는 어린이라면, 학교 아침독서 시간에 평소 읽던 것보다 조금 높은 수준의 책을 읽어 볼 수 있다. 다른 친구도 모두 책을 읽는 조용한 시간이니 분위기에 힘입어 몰입하기가 쉽다. 3학년 현우는 그렇게 해서 『밤의 초등학교에서』를 읽었다. "학교에서 읽을 책이니까 제목에 학교 들어가는 책을 읽을래요" 했던 현우는 막상 책을 골라 주니까 제 생각보다 두꺼워서 그랬는지 조금 실망한 눈치였다. 그래도 날마다 신기한 일이 일어나는 '어린벚잎초등학교' 이야기가 재미있었던 듯 집에 가져가서 마저 읽었다고 한다. 도서관에서 한두 시간 보내면서 읽을 책인지, 집에서 뒹굴면서 읽을 책인지에 따라 적당한 책도 다르다.

책을 읽는 이유도 따져 봐야 한다. 어떤 분야를 처음 알아보려고 읽는 책과 이미 알고 있는 분야를 더 자세히 알고 싶어 읽는 책은 달라야 한다. 우주에는 전혀 관심이 없는 3학년 수연이에게는 그림책 『태양이 주는 생명 에너지』로 태양과 지구의 관계를 설명하는 정도면 충분하다. 하지만 요즘 블랙홀과 초신성에 관심이 많아져 유튜브에서 동영상을 찾아보고 있는 3학년 주호에게는 『우주는 어떻게 생겼을까?』가 필요하다. 우주과학은 어떻게 발전해 왔는지, 그렇게 해서 알아낸 사실이 어떤 것인지 차근차근 배우다 보면 별이 폭발하는 동영상만으로는 느낄 수 없는 감동을 만날 수 있다.

쉽게 읽을 수 있는 책인가

그림책과 관련된 상담이나 강연 때 많이 받는 질문이 있다. 말은 조금씩 다르지만 결국 같은 내용인데, '그 책을 읽을 시기가 지났는데 아직도 읽고 있어요. 괜찮을까요?'이다. (답은 '괜찮다'이다.) 연령별로 '떼야 하는 책'이 있다는 생각은 어린이가 초등학생이 되었을 때도 이어진다. 고학년이 되었으면 저학년 책을 그만 읽고, 중학생 책에 가까운 걸 읽어야 하지 않을까 하는 것이다. 과연 그럴까?

꾸준히 읽기만 한다면 어린이의 독서는 대체로 발전하는 쪽으로 진행된다. 쉬운 책을 반복해서 읽다 조금씩 어려운 책을 읽게 되는 것이다. 그런데 전보다 어려운 책을 읽을 수 있게 되었다고 해서 더 어려운 책만 읽고 싶다고 느끼는 어린이는 거의 없다. 어려운 책을 읽을 수 있게 되었다면, 그보다 낮은 수준의 책은 이제 '즐겁게' 읽을 수 있다. 예를 들어 이전에는 줄거리를 파악하는 데 만족했던 책을 수준이 높아진 다음에 읽으면 이야기의 복선과 주인공의 농담, 등장인물의 특징을 파악할 수 있게 된다. 지식정보책도 마찬가지다. 이전에는 새로운 사실을 아는 것이 우선이었다면, 수준이 높아진 다음에는 지식을 전달하는 방식도 눈여겨보게 된다. 알고 있던 사실을 재확인하거나 잘못된 지식을 수정할 여유도 생긴다. 요컨대 더 높은 학년이 되어

지적 수준이 높아졌거나 책을 읽을 수 있는 능력이 좋아졌다고 해도 다시 쉬운 책을 읽어도 된다는 말이다.

나는 어린이에게 권할 책의 수준을 세 종류로 나눈다.

쉽게 읽을 수 있는 책

생각하면서 읽을 수 있는 책

오래 생각하면서 읽을 수 있는 책

물론 '오래오래 생각하면서 읽을 수 있는 책'도 있지만 이런 책은 초등 독서에 꼭 필요한 책이 아니다. 일단 어린이는 '오래오래' 생각하면서까지 책을 읽기 어렵고, 그 밖에도 읽을 책은 얼마든지 많기 때문이다. 책의 수준을 '새싹-줄기-열매' 식의 단계로 구분하지 않는 것도 어린이가 어느 책이든 자유롭게 오갈 수 있다는 점을 설명하기 위해서다.

'쉽게 읽을 수 있는 책'은 어린이의 수준과 비슷하거나 만만한 책이다. 앞서 소개한 '나무 집' 시리즈나 『꼬마애벌레 말캉이』, 『쾌걸 조로리』 같은 만화책은 어린이들이 연령 불문 사랑하는 책이다. 언제든지 읽을 수 있는 기본 책으로, 어린이에게 책 읽는 즐거움을 경험하게 하고 '다 읽었다' 하는 뿌듯함도 느끼게 한다.

'생각하면서 읽을 수 있는 책'은 어린이의 수준에 맞거나 조금 어려울 수도 있는 책이다. 독서교실에서 수업하는 책은 대개 여기에 초점을 맞춘다. 내용을 이해하는 데 무리가 없는 선에서 새로운 어휘를 배울 수 있는 책, 주제를 알아내고 그에 대한 자신의 생각을 밝힐 수 있는 책이 이 범주에 들어간다. 이런 책을 읽으면서 '생각하는' 동안에 사고력을 키울 수 있다. 어린이 독서의 핵심이 되는 책이다.

'오래 생각하면서 읽을 수 있는 책'은 어려운 책이다. 이 범주의 책을 읽는 목적은 단지 어린이 수준을 끌어올리기 위한 것이 아니다. 다음 단계가 어디쯤인지 보여 주고 목표를 상향 조정하도록 독려하기 위한 것이다. 때로는 다소 어려운 책을 읽어 본 경험이 자기 수준에 맞는 책을 좀 더 쉽게 읽도록 돕기도 한다.

3학년 어린이들과 방학 동안 『몽실 언니』를 읽기로 했을 때, 난감해하는 어린이도 물론 있었다. 300여 쪽에 달하는 데다가, 명랑한 분위기의 책도 아니기 때문이다. 우리는 먼저 시대 배경인 한국전쟁에 대해 이야기를 나누었다. 전쟁의 과정과 휴전선, 통일에 대해서는 배운 것이 적잖아서 교실이 시끄러워졌다. 그런데 내가 전쟁 통의 어린이, 여성, 장애인의 처지에 대해 이야기할 때는 다들 숨죽여 들었다. 머리말과 앞부분을 소리 내어 읽어 주고, 책을 네 부분으로 나눈 뒤 4주에 걸쳐 읽기로 했다. 그런데 그다음 주에 이미 끝까지 읽은 어린이도 있었다.

"몽실이가 어떻게 됐는지 너무 궁금해서 읽었어요. 처음 보는 낱말도 있는데 그냥 읽었어요."

읽는 속도는 조금씩 달랐지만 어린이들 모두 완독에 성공했다. 이 책은 '오래 생각하면서 읽을 수 있는 책'이었고 방학이라 시간 여유가 있었기 때문에 가능한 일이기도 했다.

책을 세 범주로 나누는 것보다 자유롭게 선택할 수 있어야 한다는 점이 중요하다. 점점 높은 단계의 책을 읽어야만 인정받는 분위기라면 어린이는 자칫 다음 단계로 가기를 원하지 않을 수도 있다. 예를 들어 이번에 100쪽짜리 책을 겨우 읽은 어린이에게 앞으로 100쪽 이하의 책을 읽으면 안 된다고 얘기하면 이 어린이는 200쪽 책에 도전하려 하지 않을 것이다. 시영이는 1학년이 끝나도록 그림책 말고는 읽어 본 책이 거의 없는 어린이였다. 그때 시영이가 좋아한 책이 48쪽짜리 동화책 『케첩 좋아, 토마토 싫어』였다. 시영이는 3학년이 되어 『몽실 언니』를 완독했는데, 몇 주 뒤에 문득 『케첩 좋아, 토마토 싫어』를 또 읽고 싶다고 했다. 나는 군말 없이 빌려주었다. 4학년이 된 시영이는 『80일간의 세계일주』 『피노키오의 모험』 등 세계고전문학을 완역본으로 읽고 있다. 틈틈이 『케첩 좋아, 토마토 싫어』를 빌려 읽으면서.

이 책이 마음에 드는가

어른들이 어린이에게 책을 권할 때 의외로 고려하지 않는 것이 어린이가 책을 마음에 들어 하는가 여부다. 아무리 좋은 책이어도 끌리지 않으면 읽기 어렵다. 다니엘 페낙의 유명한 말 그대로다. "'읽다'라는 동사에는 명령법이 먹혀 들지 않는다." 읽는다는 것은 생각한다는 것, 즉 독자 스스로 기운을 내지 않으면 '읽다'라는 행위가 성립되지 않는다.

어린이에게 책을 소개하고 읽고 싶은지를 물을 때 내가 종종 쓰는 표현은 "하트 몇 개 떴어?"이다. 하트가 다섯 개 뜨면 정말 읽고 싶은 책이고, 하트가 하나밖에 안 뜨는 책은 웬만하면 읽고 싶지 않은 책이다. 하트가 세 개 이상 되면 읽기로 한다. 이후에 살펴서 하트가 두 개여도 읽을 수 있도록 유도한다. 대신 하트가 두 개인 책을 읽을 때는 꼭 끝까지 읽지 않아도 된다고 설명한다. 정말로 다 읽지 않았다면 이유를 묻는다. 이것도 책 읽기의 일부다. 이야기의 어떤 부분이 재미없었고 어째서 공감할 수 없었는지, 그림이 마음에 안 들었다면 내가 좋아하는 그림은 어떤 것인지 설명해 보게 한다. 꼭 읽지 않아도 우리는 책에 대해서 이야기할 수 있다. 어린이에게 읽을지 말지 선택할 기회를 주자.

4
{ 책꽂이 정리 }

　자녀의 독서에 관심이 많은 가정에는 대개 책이 많이 있다. 자녀의 방은 물론이고 거실에도 어린이의 책이 가득 차 있기도 하다. 한때 유행한 '거실 서재 만들기'의 영향도 있다. 그런데 거실을 서재로 만들자는 말은 거실에 책을 '보관'하자는 뜻이 아니라 가족이 모두 모여 책을 읽자는 뜻이다. 나는 이 프로젝트가 성공하려면 거실에 텔레비전이 없어야 한다고 생각한다. 방 하나를 서재로 꾸민다고 할 때 거기에 텔레비전을 들여놓을 사람은 없지 않은가? 그렇다고 해서 모두 텔레비전을 없애자고 주장할 뜻은 없다. '거실 서재'에 너무 연연하지 말자는 것이다. 가족이 꼭 '모여서' 책을 읽을 필요도 없다. 그보다는 각자 오랜 시간 머무는 곳에 책이 있는 편이 훨씬 좋다. 어린이가 읽을 책은 어린이가 머무는 곳에 있으면 된다. 이때 책이 너무 많아서 어린이 방이나 거실의 한 부분 정도로 정리되지 못한다면 점검이 필요하다.

어린이와 함께 책을 읽는 가정이라면 적어도 일 년에 한 번은 책꽂이 정리를 하는 편이 좋다. 무분별하게 쌓여 있든 가지런히 꽂혀 있든, 너무 많은 책은 정보에 대한 민감성을 떨어뜨린다. '읽고 싶다'는 감흥이 일지 않고, 나에게 어떤 책이 있으며 어떤 책이 필요한지 알아차리기가 어려워진다. 책을 보관하는 비용인 셈이다.

그러므로 사 두고 읽지 않는 책은 처분하는 게 맞다. 읽은 지 오래되었고 다시 읽을 것 같지 않은 책도 마찬가지다. 물려줄 동생이 있다면 동생의 책꽂이로 옮겨 두어야 한다. 가능하다면 형제자매와 공유하는 책꽂이와 어린이 자신을 위한 책꽂이도 구분하는 쪽이 좋다. 특히 동생은 손위 형제의 책꽂이를 따라가기 쉬운데, 앞서 강조한 대로 어린이 독자의 취향을 존중하기 위해서라도 책꽂이는 구분하는 것이 좋다. 또 어린이와 함께 책을 정리하다 보면 읽어 온 책의 목록을 확인할 수 있고, 다음 단계로 나아가겠다는 마음도 새롭게 가질 수 있다.

세준이는 3학년이 되면서 책꽂이 정리를 했는데 수년 전부터 갖고 있던 전집 그림책을 사촌에게 보내기로 했단다. 그리고 단행본 그림책 중 몇 권은 전에 재미있게 보았고 상태도 깨끗하다며 독서교실에 기증하겠다고 가져왔다. 동생들이 봐도 좋고 선생님이 봐도 좋다는 선선한 말과 함께.

"그래도 『안 돼, 데이빗!』이랑 『괴물 그루팔로』는 추억으로 간직하기로 했어요."

'이 책만은 버리고 싶지 않다'는 마음이 드는 순간, 어린이와 책의 관계가 새로워진다. 이때 책이 갖는 특별한 의미는 더 설명하지 않아도 될 것이다. 이런 책은 '명예의 전당'에 꽂아 둔다. 책꽂이의 한두 칸을 비워 제일 좋아하는 책만 진열하는 것이다. 내 명예의 전당에는 '꼬마 니콜라' 시리즈 전권이 꽂혀 있다. 어렸을 때 나는 이 이야기를 무척 좋아해서 용돈을 모아서 한 권씩 사 읽었다. 그때 읽은 해적판 책들은 잃어버렸지만 새로 출간된 책들은 다 사 모았다. 로알드 달의 양장본 동화와 자서전도 한 칸이다. 가장 좋아하는 그림책 '11마리 고양이' 시리즈는 여행에서 사 온 캐릭터 인형과 함께 따로 한 칸을 꾸몄다.

책꽂이를 정리하면 이런 여유를 찾을 수 있다. 책과 관련된 엽서를 액자에 넣어 책꽂이를 장식하거나, 좋아하는 인형 등 장난감과 함께 꾸며도 좋다. 중요한 것은 서점이나 북 카페에서 진열하는 것처럼 읽고 싶은 마음이 들게 꾸미는 것이다. 먼지 앉은 책 더미는 그런 마음을 일으키기 어렵다.

5
{ 문학·지식정보책 분류하기 }

책장을 정리할 때 어린이책은 보통 출판사별로 꽂아 둔다. 한 시리즈로 나온 책은 책등 디자인이 통일된 경우가 많아서 나란히 꽂는 게 아무래도 보기에 좋기 때문이다. 그런데 책장 정리의 목적은 보기 좋게 만드는 것이 아니라 읽고 싶게 만드는 데 있다. 가지고 있는 책, 읽지 않은 책, 나아가 필요한 책이 무엇인지 확인하는 것이다. 책등 모양에 따라 정리하면 어느 출판사 책을 많이 갖고 있는지는 알 수 있어도 전체 현황을 파악하기는 어렵다.

내가 권하는 방법은 일단 어린이가 가진 책을 문학과 비문학으로 나누는 것이다. 보통 문학책이 더 많을 테니 책장을 넉넉히 확보해야 한다. 도서관에서 하듯이 한국문학과 외국문학을 구분하고 작가의 이름에 따라 정리해도 좋지만 그러자면 너무 복잡하니까, 제목에 따라 가나다순으로 정리한다. 엄격하게 따질 필요는 없고 'ㄱ'으로 시작하는 책을 한 덩어리로, 'ㄴ'으로 시작하는 책을 한 덩어리로 묶는 정도면 된다. '읽기 레벨'이 책 선택의 유일한 기준이 아니라는 사실을 받아들이면 같은 출판사 책을 떼어 놓는 일이 그리 어색하지 않다는 것을 알게 될 것이다. 시행착오가 있겠지만 자리를 잘 잡으면 이후에는 정리도 쉽고 찾기도 쉬워진다. 책이 늘어날 것에 대비해서 공간을 넉넉히 마련해야 하는데, 그러면서 책꽂이에 여유가 생기는 것도 이 정리 방법의 유익한 점이다. 이렇게 정리하다 보면 '시리즈'에 묻혀 읽지 않았던 책을 발견하기도 하고, 명예의 전당에 올라갈 책을 재발견하기도 한다. 꼭 같은 시리즈를 묶어 두어야 한다면 첫 권 자리에 적당히 같이 꽂아 두어도 된다.

비문학, 즉 지식정보책은 분야를 구분해서 정리한다. 독서교실은 어린이도서연구회의 구분을 참고해 다음과 같이 책을 분류하고 있다.

역사·인물이야기

예술

사회

인간·문화 (신화, 속담, 어휘 등)

수학·과학

생활·기술 (환경 등)

이렇게 책을 구분해 보면 어느 분야의 책을 더 많이 갖고 있는지 한눈에 알 수 있다. 어린이가 가장 관심을 두는 분야일 수도 있고, 부모나 교사가 주로 권하는 책일 수도 있다. 어느 쪽이든 지금까지 읽어 온 책의 지형도를 그려 볼 수 있다는 점이 좋다. 반대로 책을 적게 가진 분야도 발견된다. 분야별로 책을 골고루 읽으면 좋겠지만 기계적으로 균형을 맞출 수는 없다. 그동안 미처 읽어 볼 생각을 못한 분야를 한번 챙겨 보는 정도로 충분하다.

6
{ **편독, 고쳐야 할까?** }

　분야별로 균형을 맞추지 않아도 된다니, 그렇다면 편독을 해도 된다는 말일까? 물론 책 읽기를 배우는 어린이가 다양한 책을 읽어 보도록 돕는 일은 꼭 필요하다. 그렇지만 나는 편독이 반드시 고쳐야 하는 나쁜 습관이라고 보지는 않는다. '치우쳐 읽는다'라는 말은 그만큼 관심 분야가 분명하다는 뜻이고, 거기서 즐거움을 느낀다는 뜻이니 문제 될 것이 없다. 나는 오히려 '편독에 대한 걱정'이 수정되어야 한다고 믿는다.

　보통 어린이가 만화나 추리소설처럼 덜 교육적이라고 여겨지는 분야의 책만 읽을 때 '아이가 편독한다'고 걱정한다. 반대로 만화를 읽지 않는다고 걱정하는 경우는 거의 없다. 그러니 사실은 편독이 아니라 '(교육적인) 책을 읽지 않는 것'을 걱정하는 셈이다. 그런데 이것을 편독 문제로 접근하면 기계적인 균형을 위해 어린이가 좋아하는 책을 내려놓고 좋아하지 않는 책을 읽게 하는 식으로 해결책을 찾게 된다. 이렇게 해서는 책을 읽을 때 가장 필요한 것, 즉 좋아하는 마음-내적 동기가 생기기 어렵다. 이 어린이는 좋아하던 책을 계속 읽는 것과 별개로 새로운 책을 안내받아야 한다. 별로 좋아하지 않거나 낯설게 느껴지는 분야의 책을 조금씩 읽어 보게 하고, 분야에 따른 읽기 전략을 익혀서 새로운 재미를 느낄 수 있게 도와야 한다.

어린이가 편독을 하면 지성과 인성 발달에 균형을 잡기 어렵다고 걱정하는 분도 있다. 조금 거칠게 나누자면 지식정보책은 지성을 갖추게 하고, 문학책은 인성을 갖추게 한다는 식이다. 그런데 어린이의 성장은 그렇게 기계적으로 이루어지지 않는다. 책에 관한 한 전 영역에서 골고루 발달을 이루어야 하고 또 그것이 가능하다는 믿음은 전집 그림책 마케팅에서 비롯되지 않았나 싶다. '명작, 인성, 전래동화, 과학, 사회, 역사' 등 어느 한 영역도 빠뜨리면 안 되는데 그러기 위해서 '완벽 구성'이 필요하다고 선전하는 전집 그림책은 우리나라 유아의 책 읽기에 압도적인 영향을 끼치고 있다. 그런데 독서에는 그런 완벽 구성이 필요하지 않다. 구성에 치중해 완성도가 떨어지는 책이 많은 것 역시 전집 그림책의 오래된 문제다. 또 책을 '구성이 완벽한' 전집으로만 읽어서는 안목을 기를 수 없다. 그림책을 꽤 읽던 아이가 초등학교 입학 후 책을 읽지 않게 되는 이유가 되기도 한다.

편독보다 중요한 것이 있다. 바로 다양한 읽을거리를 접하는 것이다. 어린이가 사는 세상에는 책 말고도 읽을거리가 많다. 가정통신문은 부모를 독자로 한 글이지만 어린이의 생활과 직접 연결되는 내용을 담고 있어서 초등학생도 충분히 이해할 수 있다. 장난감 조립 설명서도 어른이 읽고 설명해 주기보다 어린이가 직접 읽고 그에 따라 조립하면서 시행착오를 겪는 쪽이 훨씬 교육적이다. 요리하는 부모 옆에서 레시피를 읽는 것도 좋다. 요리책은 어린이책이 아니어도 문장이 간단해서 이해하기 쉽다. 또 순서에 맞게 설명하는 방법도 배울 수 있다.

독서교실에서는 신문 사진의 캡션을 수업에 활용한다. 삼겹살을 고르는 소비자 사진 아래 "본격적인 휴가철에 접어들면서 야외에서 바비큐 등으로 즐겨 먹는 삼겹살의 매출이 크게 늘어난 것으로 나타났다. ○○마트 ○○점에서 고객들이 삼겹살을 고르고 있다"라는 캡션에서는 육하원칙을 따른 문장을 배울 수 있다. 세계적인 육상 선수 우사인 볼트 사진 아래 그의 습관을 소개한 캡션에서는 "다른 선수들을 거대한 거미라고 상상. 그들로부터 도망쳐 나온다고 생각하며 뜀"처럼 어린이들이 재미있어할 이야기도 얻을 수 있다. 무엇보다 '읽기'가 생활을 풍요롭게 하는 경험을 할 수 있어서 좋다.

한번은 마트 전단지에 쓰인 "제수용품"이라는 말을 가르쳐 주려고 준비한 적이 있다. 어려운 말이지만 마침 추석을 앞둔 때라 명절 준비에 대한 내용, 지금 광고를 하는 이유, 제철 음식 등을 설명할 참이었다. 내가 전단지를 내밀며 "자, 오늘 공부할 말은……" 하고 운을 뗐을 때 3학년 어린이 셋이 합창한 말은 "24시간 연중무휴"였다. 동네 마트에 늘 붙어 있는 말인데 무슨 뜻인지 모른다는 것이다.

"일 년 내내, 밤새 영업한다는 뜻이야."

그러자 세준이가 약간 어두운 얼굴로 대꾸했다.

"그럼 안 좋은 거네요. 거기서 일하시는 분들도 아들이나 딸이 있을 텐데, 학교에서 뭐 할 때 못 가실 테니까요."

동준이 생각은 달랐다.

"소비자한테는 좋은 거잖아요. 제사 준비 같은 거 할 때 깜빡한 거 있어도 언제나 가서 살 수 있고요."

"그리고 일하는 분들도 대신 돈을 받으니까 꼭 나쁜 건 아니에요."

지연이까지 가세해서 얘기가 길어졌다. 어린이들은 내게도 의견을 물었다.

"지금 우리가 하고 있는 토론은 조금 확장하면 어른들이 국회에서, 텔레비전 토론 프로그램에서 나누는 이야기랑 비슷해. 그만큼 우리 사회에서 중요한 문제거든. 여러분은 어린이니까 자라면서 더 배우고 더 생각해서 자기 의견을 만들어 가는 게 좋아. 선생님도 의견이 있는데 이게 정답은 아닐 수도 있어. 그래도 참고하겠다고 하면 말해 볼게."

나는 휴일이나 늦은 시간처럼 남들이 원하지 않을 때 일하는 사람은 돈을 더 받았으면 좋겠고, 무엇보다 마트에서 종업원을 늘려서 각자 일할 수 있는 시간에 일하게 하고 일자리도 많이 만들면 좋겠다고 말했다. 전단지 읽기가 꽤 진지한 노동 문제 토론으로 이어졌다. 책만큼이나 책 바깥에도 읽을거리가 많다. 책에 치우치지 말고 폭넓게 읽게 하자.

7

3 : 2 : 1

편독이 '나쁜 습관'은 아니다. 그러나 초보 독자인 어린이는 다양한 갈래의 책을 안내받을 권리가 있다. 좋아하는 책을 계속 읽도록 하면서 다른 분야의 책을 읽게 하는 것은 어떻게 가능할까? 그 균형을 어떻게 찾을 수 있을까?

나는 어린이에게 책을 권할 때 이런 비율을 염두에 둔다.

제일 좋아하는 책 3

더 읽을 책 2

새로운 책 1

'제일 좋아하는 책'은 어린이에게 익숙하고 또 어린이가 좋아하는 갈래의 책이다. 책 읽는 즐거움을 유지하게 하므로, 이 책은 원하는 만큼 읽어도 좋다. 어느 정도 능숙한 독

자라면 이 범주의 책은 조금 높은 수준의 책도 함께 읽어
보는 것도 좋다. 예를 들어 동화책을 좋아하는 3학년 어린
이라면 한두 권쯤은 5~6학년 수준의 책도 섞는다. 즐거움
과 집중력을 바탕으로 읽기 능력을 높일 수 있다.

'더 읽을 책'은 어린이에게 익숙하지는 않지만 필요한
책이다. 어린이가 스스로 결정할 수도 있고, 그게 어렵다
면 어른이 적극적으로 도울 수 있다. 비율로는 2이지만 실
제로는 가장 중요하다. 자신의 읽기 능력과 비슷하거나 조
금 쉬운 책, 어린이의 관심사와 연결 고리가 있는 책을 고
르고, 읽는 방법도 가르쳐 주자. 책을 읽기 전에 간단한 정
보를 주고, 어디에 초점을 두어 읽어야 할지 알려 준다. 즐
겁게 읽도록 독려하고, 읽는 시간이 오래 걸리더라도 재촉
하지 않도록 한다.

4학년 다은이는 역사에 관심이 많고 역사책도 무척 좋
아하는데 의외로 초등 1학년 때까지는 꿈이 과학자였다고
했다. 역사를 좋아하는 아버지 덕분에 『박시백의 조선왕
조실록』을 그림만 보다시피 하면서 재미가 생겼고, 그러
느라고 "과학책은 읽은 지 너무 오래"됐다고 했다. 그래서
다은이에게 권한 '더 읽을 책'은 과학책이다. 『고종 시대의
과학 이야기』는 고종이 개화를 추진한 흔적을 따라가는 책
이다. 서양 천문학을 적극적으로 받아들인 일이나 책력을
달력으로 바꾸면서 생긴 변화, 경복궁에 전기가 들어오면
서 연못 물고기가 죽은 채 떠오른 이유 등을 흥미롭게 소

개한다. 다은이에게 책을 소개하면서 고종에 대해 아는지 묻자 "대한제국 황제"라고 정확하게 말했다. "아빠한테 들었는데요, 고종 황제가 커피를 좋아했대요" 하는 말도 덧붙였다. 자연스럽게 그 시대에 들어온 서양 문물 이야기를 나누고 책을 권했다. 또 『코알라야, 새끼에게 왜 똥을 먹여?』는 동물의 자식 사랑에 관한 책인데 이야기를 들려주는 식이고 그림이 많아 다은이 수준에서도 어렵지 않게 읽을 수 있었다. 『달에 가고 싶어요』, 『다윈의 꿈틀꿈틀 지렁이 연구』 등 과학 그림책도 함께 읽기로 했다. 다은이는 역시 『고종 시대의 과학 이야기』가 제일 재미있었다고 했다. 그러면서도 한 번 더 읽고 싶다고 다시 빌려 간 책은 『달에 가고 싶어요』였다. 그림책이지만 지금 다은이 마음에 든다면 읽지 않을 이유가 전혀 없다.

'새로운 책'은 달리 표현하면 '뜻밖의 책'이다. 재미 삼아 읽는다고 생각하고, 어린이는 물론 권하는 어른 자신에게도 새로운 책으로 고른다. 당연히 '제일 좋아하는 책'과 '더 읽을 책'이 어떤 책인가에 따라 '새로운 책'이 정해진다. 보통은 동시집이나 예술서, 깊이 있는 그림책 등 일부러 결심하지 않으면 읽을 기회가 없는 책이 여기에 포함된다. 구색 맞추기가 아니라 책 읽기에 활력을 더하는 것이 목적이다. '새로운 책'은 '다 읽지 않아도 된다', '드문드문 읽어도 된다'라고 안내한다.

그리스-로마 신화를 좋아해서 같은 주제의 동화책, 만

화책을 두루 읽은 6학년 유미에게 '새로운 책'으로 『미술관에서 읽는 그리스 신화』를 권했다. 루벤스의 「묶여 있는 프로메테우스」, 모로의 「오르페우스」, 제라르의 「에로스와 프시케」 등 아름다운 그림이 실려 있는 책이다. 유미는 "좀 야한 것 같아요"라며 쑥스러워하긴 했지만 만화나 삽화로만 보던 신화 주인공을 명화로 보니 새로운 느낌을 받은 듯했다. 특히 고야의 「자식을 잡아먹는 크로노스」가 무서워서 기억에 남는다고 했다.

"이 얘기가 원래 좀 무섭잖아."

"근데 만화로 볼 때는 그런 생각이 별로 안 들었거든요. 그냥 말도 안 되는 얘기다 했는데 이 그림으로 보니까 제가 알던 얘기랑 다른 느낌이에요."

명화 덕분에 신화의 상상력을 느꼈으니, '새로운 책' 읽기에는 성공한 셈이다. 그렇지만 늘 성공하는 것은 아니다. 3학년 동주에게 자연에 대한 관심을 불러일으키고 싶어서 『호시노 미치오의 알래스카 이야기』를 권한 적이 있다. 빌려주면서 사진만 봐도 된다고 했더니 동주는 정말 사진만 보고 돌려주었다. 그래도 괜찮다. 이 범주는 실패해도 괜찮은 책, 읽어 보았다는 경험이 중요한 책으로 채워진 '1'이니까.

사실 이 비율을 따져 보면 익숙하고 좋아하는 책과 그렇지 않은 책이 3:3이다. 어쨌거나 좋아하는 책을 계속 읽어 가면서 새로운 책을 읽어 보도록 하는 것이 중요하지, 이

비율 자체가 중요하지는 않다. 어린이 독자 각자의 상황에 따라 비율이 달라질 수도 있다. 그리고 모든 책을 이 비율에 맞추어 읽을 수도 없다. 책 읽기 현황을 점검할 때, 새 학기를 맞아 심기일전이 필요할 때 참고하기를 권한다. 다음은 3학년 민준이의 여름방학을 앞두고 정리한 실제 계획표다.

현재 위치
- 보통 수준의 독서력, 책 읽기를 좋아하는 편.
- 과학을 좋아하고, 이야기책에는 큰 관심이 없음.

어떤 책이 필요한가
- 방학 동안 매일 오전 1-2시간 집에서 읽을 책.
- 독후감(방학 숙제) 쓰기에 적절한 책.

계획
- 제일 좋아하는 책: 여러 종류의 과학책 읽기, 학년보다 높은 수준의 책 읽기

  『우주는 어떻게 생겼을까』

  『별똥별 아줌마가 들려주는 우주 이야기』

  『얼음』

  『다윈의 꿈틀꿈틀 지렁이 연구』

  『따르릉! 야생동물 병원입니다.』

『몬스터 과학 1: 공주의 뇌를 흔들어라!』

-   더 읽을 책: 가벼운 동화책, 줄거리를 정리해 볼 수 있는 책
    『광합성 소년』
    『납작이가 된 스탠리』
    『어젯밤, 아빠가 늦게 온 이유는 말이야』
    『뻥이오, 뻥』

-   새로운 책: 예술, 문화
    『날아라 슝슝 공』
    『세상을 담은 그림, 지도』

    결과

-   우주에 관한 책은 다 읽었고, 더 읽고 싶어 함.
-   동화책 읽고 줄거리 정리, 주인공 성격 말하기 연습.
-   『날아라 슝슝 공』에서 다양한 구기 종목에 대해 배우고 올
    림픽 경기 관전. 독후감 작성.

III
읽는 법: 갈래별 읽기 전략

우리는 공을 차는 법을 배우지 않고도 공놀이를 할 수 있다. 그렇지만 규칙을 알면 축구를 할 수 있다. 어린이가 책 읽는 방법을 배워야 하는 이유도 그와 비슷하다. 책을 읽는 방법을 배우면 더 잘 읽을 수 있다. 독서교실의 수업은 책에 담긴 내용을 공부하는 것보다 '이런 종류의 책을 읽을 때 어디에 초점을 두는 게 좋을까', '이런 책을 읽으면 어떤 이야기를 나눌 수 있을까'를 익히는 데 중점을 두고 있다. 책을 읽으면서 책 읽는 방법을 익히는 셈이다.

어른의 책이 그렇듯이 어린이책에도 여러 갈래가 있다. 내용과 형식이 각각인 만큼, 책 읽는 전략도 달라야 한다. 『생각을 넓혀주는 독서법』에서는 이를 과목마다 교사가 가르치는 방식과 사용하는 언어가 다른 것에 비유했다. 책이 전달하는 지식의 특성에 따라 그 지식을 전달하는 방식이 다르므로 책에 따라 알맞은 방식으로 읽어야 한다는 것이다.

당연한 말이지만 모든 책을 전략적으로 읽을 필요는 없다. 그렇지만 전략을 배우면 그저 재미를 위해 읽을 때도 전략의 도움을 받을 수 있다. 여기 소개하는 내용은 독서교실에서 책 읽기를 공부할 때 책에 접근하는 방식을 갈래별로 정리한 것이다.

8
{ 그림책: 구조와 의도 파악하기 }

"그림책은 모든 연령의 독자가 즐길 수 있는 책이다."

"그림책은 그림과 글이 어우러진 예술 작품이다."

"그림책은 어린이와 어른을 위로한다."

어린이책을 읽는 많은 어른이 말해 온 덕분에, 이제는 이런 생각이 많이 알려져 있다. 실제로 '초등학생이 되면 그림책을 뗀다'는 통념은 차츰 옛날 것이 되어 가고 있다. 초등학교 교과서에 그림책 내용이 일부 실리기도 하고, 처음부터 초등학생을 대상으로 만들어진 그림책이 출간되기도 한다. 물론 여전히 '그림책은 유아만 읽는 것'이라고 생각하는 분도 있겠지만 이만큼만 해도 긍정적인 변화다. 어린이도 청소년도 어른도 그림책 읽는 즐거움을 빼앗겨서는 안 된다. 읽어서 즐겁다면 읽자. 말이 난 김에 짧게나마 꼭 강조하고 싶은데, 어린이가 초등학생이 되었어도 '읽어 주는 것'은 여전히 좋다. 원한다면 어린이의 나이와 상관없이 언제까지나 읽어 주자. 듣기도 독서의 한 방법이다. 나는 강연에서 부모님들에게 꼭 그림책 몇 권을 처음부터 끝까지 읽어 드리는데, 한번은 두 자녀를 둔 어머니에게 이런 말씀을 들었다.

"누가 읽어 주는 걸 들어 보니까, 아이들이 왜 책을 읽어 달라고 하는지 알겠어요."

내가 특별히 잘 읽어서가 아니다. 그 그림책에 대해서는 내가 더 능숙한 독자이고(어린이에게 책을 읽어 주는 어른이 그렇듯이), 책을 '들어서' 얻는 감동에 새로운 면이 있기 때문이다.

그런데 초등학생은 그림책을 어떻게 읽어야 할까? 유아는 어른이 글을 읽어 주는 동안 그림을 보는데, 초등학생도 그렇게 하면 될까? 초등학생은 이제 그림보다 글에 먼저 눈길을 두기 때문에 글자만 읽고 다음 장을 넘기면 오히려 그림을 잘 보지 못한다. 그러니 어린이에게 그림책을 읽어 줄 때는 한 장 한 장 천천히 넘기면서 글자뿐 아니라 그림도 충분히 감상하도록 하는 게 좋다. 초등학생이 유아처럼 성급하게 뒷장을 넘기는 경우는 별로 없고, 혹시 그렇더라도 천천히 넘기는 이유를 설명하면 된다. 이 과정을 통해 감상이 깊고 넓어질 뿐 아니라 글과 그림에서 고루 정보를 얻는 방법도 배울 수 있다.

유아는 그림책의 이야기에서 재미를 느끼고 그 세계에

몰입해 즐거움을 찾는다. 이에 비해 초등학생은 그림책을 약간이나마 비판적으로 볼 수 있다. 무조건 푹 빠져서 읽기보다 그림책을 하나의 작품으로 대하고 좋아하거나 싫어하는 이유를 설명할 수 있다는 뜻이다. 이것을 어려워하는 어린이라면 역시 그림책을 통해 연습해야 한다. 책을 평가하는 능력은 갈래를 불문하고 필요하다. 또 기초 능력이 있는 어린이에게도 그림책은 유용하다. 짧은 이야기를 통해서 문학 작품의 구조를 파악하고 작가가 책을 통해 말하고 싶은 것, 즉 '주제'를 찾는 법을 배우기에 그림책만큼 좋은 것이 없다. 다만 너무 쉬운 그림책은 유치하게 여겨져 어린이가 집중할 수 없다. 글과 그림에 메시지를 얻는 경로가 풍부한 그림책, 복선이 있는 그림책, 이야기 전개에 뜻밖의 전환이 있는 그림책이 어린이에게 적당한 긴장감을 준다.

이야기 구조 파악하기

초등학생이 되었으니 그림책을 읽더라도 글자가 많은 것으로 읽자고 하면 어린이는 흥미를 잃기 쉽다. 뭐니 뭐니 해도 그림책의 제일 큰 장점은 '그림은 많고 글은 적은 책'이라는 것이다. 그림책을 권할 때만이라도 '긴 글'에 대한 욕심은 접어 두기로 하자.

『용감한 아이린』은 페이지마다 그림이 있고 글은 6-7줄 실려 있어서 어린이가 부담 없이 읽을 수 있다. 그러면서도 '발단-전개-위기-절정-결말' 구조가 뚜렷해 어린이에게 '이야기에는 형식이 있다'고 알려 줄 수 있다. 소설 구성 용어를 배울 필요는 없지만, 이야기를 즐기면서 형식에 따라 이해할 수도 있음을 배우는 것이 목표다. 이때 어린이가 형식을 이해하면 어린이는 어린이문학을 포함한 모든 문학 작품을 이해하는 데 필요한 기본 도구를 갖추게 된다.

먼저 책을 읽어 준다. 그림책에서 표지는 앞으로 펼쳐질 이야기의 예고편이다. 어린이가 기대감을 갖도록 시간을 들여 감상하자. 『용감한 아이린』 표지를 보면, 아이린이라고 짐작되는 여자아이가 자기 키만 한 상자를 들고 눈보라를 헤치며 걷고 있다. 밤인 것 같다. 이렇게 눈이 많이 오는 날, 아이린은 무슨 사연으로 밤길을 걷고 있을까? 상자에

든 건 뭘까?

이 이야기는 엄마를 대신해 드레스를 배달하러 가는 아이린의 모험담이다. 아이린은 옷 만드는 일을 하는 엄마와 단둘이 살고 있다. 엄마는 공작 부인에게 주문받은 드레스를 아름답게 완성했는데, 그만 병이 나서 정한 날짜에 옷을 가져다줄 수 없게 되었다. 고집을 부려 길을 나선 아이린은 눈보라에 맞서 싸우지만 모진 바람에 상자가 열려 드레스가 날아가 버린다. 아이린은 빈 상자라도 가져가서 설명해야겠다고 결심하고 길을 계속 가다가 눈 속에 파묻히고 만다. 아이린은 생각한다. '그래, 그냥 이대로 얼어 죽자. 그럼 이 고생도 끝이잖아?' 그러나 아이린은 끝내 눈을 파헤치고 나와 공작 부인 집에 도착한다. 놀랍게도 저택 앞 나무에는 아까 날아간 드레스가 걸려 있다. 아이린은 공작 부인에게 후한 대접을 받고, 집으로 돌아온다.

독서교실에서는 그림책을 읽고 줄거리를 회상하면서 다음과 같은 질문에 답을 찾는 식으로 형식을 공부한다. 배우는 게 목적이지 맞히는 게 목적이 아니니까, 어린이가 어려워하면 어른이 시범을 보여도 된다. 다음은 읽기 연습이 필요한 3학년 진성이와 나눈 이야기를 정리한 내용이다.

이 이야기는 왜, 어떻게 시작되었나? (발단, 전개)
→ 아이린네 엄마가 드레스를 만들었어요. 그런데 병이 났어요.

주인공이 해결할 문제는 무엇인가? (위기, 절정)

→ 옷을 배달해야 돼요. 눈이 많이 와요. 드레스가 날아갔어요. 공작 부인한테 설명해야 돼요. 아이린이 눈에 파묻혔어요.

어떤 방법으로 해결했나? / 어떻게 해결되었나? (위기, 절정)

→ 미끄럼을 타고 산에서 내려왔어요. 드레스를 찾았어요. 드레스가 젖었어요. (드레스가 젖었다고) 혼나지 않았어요.

이야기가 어떻게 끝났나? (결말)

→ 하인들이 아이린을 집에 데려다 주었어요. 아이린네 집에 의사가 왔어요.

어른의 눈으로 따지자면 '옷을 배달해야 돼요'는 발단 또는 전개에 속한다. 그런데 어린이 독자 진성이가 보기에는 이 임무 자체가 '문제'로 여겨진 모양이다. 책에는 드레스가 젖었다고 아이린이 난감해하는 장면이 없다. 하지만 진성이는 내심 그게 걱정되었는지 위기-절정에서 자세히 다루었다. '혼나지 않았어요'는 결말에 가깝다. 실제 결말에는 엄마가 밤새 돌아오지 않은 아이린을 걱정하는 내용이 있지만, 진성이는 그보다 공작 부인이 보내 준 의사에 대해 말하고 싶어 했다. 어쨌거나 답한 내용을 보면 진성이가 책을 얼마나 자세히 읽었는지 알 수 있다. 또 제법 질문에 맞게 답했다. 이럴 때는 칭찬이 우선이다.

"아이린이 산을 넘어 공작부인 집에 간 것처럼 이야기도 평평한 길을 지나 산을 넘는 거야. 방금 진성이는 그 산을 넘은 거야."

『수호의 하얀 말』의 수호는 몽골 초원의 양치기다. 수호는 들판에서 구한 하얀 망아지를 훌륭한 말로 키웠는데, 말 타기 대회에 나갔다가 원님에게 말을 빼앗긴다. 수호만큼이나 슬픔과 절망에 빠진 하얀 말은 온 힘을 다해 도망쳐서 수호에게 돌아오지만, 몸에 맞은 화살들 때문에 죽고 만다. 수호의 꿈에 나타난 하얀 말은 자신의 뼈와 가죽과 심줄과 털로 악기를 만들라고 알려 준다. 그렇게 해서 몽골 초원 양치기를 위로하는 '마두금'이라는 악기가 탄생하였다는 이야기다. 이 이야기의 구조는 어떨까?

이 이야기는 왜, 어떻게 시작되었나? (발단, 전개)
→ 수호가 하얀 말과 함께 원님이 연 말 타기 대회에 나갔다.

주인공이 해결할 문제는 무엇인가? (위기, 절정)
→ 수호와 하얀 말은 대회에서 1등을 했다. 그런데 원님에게 말을 빼앗겼다.

어떤 방법으로 해결했나? / 어떻게 해결되었나? (위기, 절정)
→ 수호는 매를 맞고 돌아왔다. 하얀 말도 상처를 입고 돌아

와서 죽었다.

이야기가 어떻게 끝났나? (결말)

→ 수호는 하얀 말이 알려 준 대로 악기를 만들었다.

　이런 식으로 형식 찾기를 반복하다 보면, 다른 그림책이나 동화책을 읽을 때도 이 구조를 의식하고 책을 읽을 수 있다. 그러면 이야기가 너무 뻔하다고 느끼지 않을까? 그렇지 않다. 오히려 얼개가 복잡한 책을 읽을 때 구조를 파악함으로써 줄거리를 잘 이해할 수 있다. 또 이 형식이 어색하거나 정말로 '뻔하게' 구현된 작품을 비판할 수 있는 안목이 생긴다. 좋은 비평가가 작품 읽기를 훨씬 풍요롭게 한다는 것은 우리가 이미 알고 있는 사실이다.

작가의 의도 찾기

　그림책은 글뿐 아니라 그림으로도, 때로는 그림'만'으로도 이야기를 연결하는 책이다. 독자에게 정보를 주는 단서는 종종 그림에 더 많다. 그래서 그림을 잘 이해하면 글의 빈 부분을 채울 수 있고, 이미지를 통해 정보를 얻는 연습을 할 수도 있다. 이 보물찾기에는 더 큰 선물이 있다. 바로 작가가 '의도'를 가지고 그림책을 만들었다는 사실을 알게 되는 것이다. 작가의 의도를 파악하는 것은 곧 책의 주제를 파악하는 것이기도 하다.

　『머나먼 여행』은 글자가 없는 그림책이다. 그림만으로 이야기를 파악해야 한다. 혼자 심심해하던 소녀가 빨간색 마법 펜을 발견하고 그 펜으로 벽에 문을 그려서 신비한 세계로 여행을 떠난다. 그곳에서 소녀는 보라색 새를 만나 함께 모험을 하고 새의 안내에 따라 보라색 문을 통해 현실 세계로 돌아온다. 한 소년이 보라색 마법 펜을 들고 이들을 반긴다. 새는 소년이 그린 그림이었던 것이다. 소녀와 소년은 각각 빨간색 보라색 동그라미를 그려 자전거 한 대를 만들어 타고 놀러 간다.

　이 책은 다시 읽을 때 새로운 것이 많이 보인다. 골목길에서 소녀가 쪼그리고 앉아 있는 첫 장면에도 사실 소년과 새가 그려져 있었다. 면지에 잠깐 나온 동양풍의 파란 등은 소녀가 신비한 세계로 들어갈 때 통과한 숲에 가득 걸려 있는 등과 똑같다. 소녀가 저쪽 세계에서 타고 다닌 기구는 소녀 방 천장에 매달린 장난감과 연결된다. 역시 저쪽 세계의 신비한 수로는 소녀가 사는 도시의 복잡한 배관을 연상시킨다. 6학년 유미는 첫 장면의 신호등은 빨간색, 마지막 장면의 신호등은 파란색인 것을 발견했다.

"이제 친구가 생겼으니까 파란불이 된 거네요."

이곳과 신비한 세계의 연결 고리를 찾으며 책을 보고, 그렇다면 작가는 왜 이런 단서들을 숨겨 두었을까 이야기 나누었다. 대화 끝에 우리가 찾은 답은 '마음만 먹으면 이곳에서도 신비한 여행을 떠날 수 있다는 것을 알려 주기 위해서'다. 찾기 어렵게 해 놓은 이유는 "원래 상상이 어렵기 때문"이라고 유미는 답했다. 상상이 어렵다니, 6학년다운 답인지도 모르겠다. 어쨌든 유미는 작가의 의도를 파악했다. 주제를 파악했다고도 할 수 있다.

『1964년 여름』의 주제는 좀 더 묵직하다. 3학년 어린이들과 이 책을 읽을 때는 먼저 그림만 보여 주었다. '1964년'이라고 해도 언제쯤인지 짐작도 안 되는 이 어린이들은 그저 여름에 대한 그림책이려니 하고 그림을 감상했다. 흑인 소년과 백인 소년이 어울려 물놀이를 하는 그림을 보고 "좋겠다!", "시원하겠다!" 하고 한마디씩 하더니, 그림 분위기가 어두워지자 조용해졌다. 그러다 클로즈업된 흑인 소년의 얼굴이 여러 색으로 표현된 장면에서는 "좀 무서워요” 하고 솔직히 말하기도 했다.

흑인인 존 헨리와 백인인 조는 단짝 친구다. 그런데 때는 1964년, 인종 차별 때문에 존 헨리는 아이스크림 가게에 들어갈 수도 없는 시절이다. 함께 수영장에 갈 수 없는 소년들은 냇가에 자기들만의 수영장을 만들어 즐겁게 노는데, 차별을 금지하는 법이 발표되면서 드디어 수영장에 갈 기회가 생긴다. 하지만 백인은 수영장에 아스팔트를 붓는 것으로 흑인에 대한 멸시를 드러낸다. 아이들은 망연자실했지만, 그래도 기운을 내서 나란히 아이스크림 가게에 들어가는 것이 이야기의 결말이다.

그런데 존 헨리의 얼굴이 여러 색으로 표현된 이유는 무엇일까? 어린이들과 그림책을 여러 번 다시 넘기면서 답을 찾아보았다.

“너무 화가 나서 그런가 봐요.”

“슬퍼서요. 속이 안 좋아서요.”

“꼭 맞아서 멍든 것 같아요.”

“알았다! 이거 물 색깔이네요! 물놀이하는 그림에도 이런 색이었어요!”

수영장에 들어가고 싶은 존 헨리의 마음을 물빛이 어른거리는 모습으로 표현한 것 같다고, 나도 의견을 냈다. 누구의 말이 맞을까? 정답이 없다는 것을 어린이들도 알고 있었다. 오늘 얘기한 답이 다 맞는 것 같기도 했다. 이 답들을 근거로 우리는 작가가 말하고 싶었던 바를 찾았다. “피

부색은 중요하지 않다." "인종차별은 나쁘다." 그리고 작가의 생각에 동의한다고 말했다. "인종차별만이 아니라 차별은 다 나빠요"라고 덧붙인 세준이를 포함해서.

9
{ 동화책: 줄거리, 패턴, 공감 }

동화는 어린이 독자에게 친숙한 갈래다. 글자의 양이 많든 적든, 어린이가 가장 많이 접하게 되는 책이 동화책이기 때문이다. 게다가 '이야기'는 어린이가 글자를 알기 전부터 그림책으로 접해 왔으니, 글자를 익힌 초등학생이 '재미만 붙이면' 동화 정도는 잘 읽을 수 있을 것이라고 보는 어른도 있다. 집중해서 읽기만 하면 줄거리 정도는 파악할 수 있을 거라고, 재미는 저절로 느껴지는 것이라고, 문학을 즐기는 데 전략까지 필요하지는 않다고 믿는 어른도 있는 것 같다. 그래서 그림책에서 동화책으로 넘어가는 단계의 어린이에게 일단 그림책과 비슷하게 판형이 큰 동화책, 그림이 많고 글자는 적은 동화책을 권한다. 그렇지만 어른의 기대와 달리 많은 어린이가 그림책에서 동화책으로 넘어가기를 어려워하고 이 단계에서 책 읽기에 흥미를 잃곤 한다.

물론 어린이가 갑자기 글자 많은 책을 읽기는 어려우니 읽기 쉬운 책부터 시작해야 하는 것은 맞다. 그러나 그것만으로는 재미가 붙지도, 집중력이 늘지도 않는다. 여기에는 몇 가지 이유가 있다.

먼저 그림책은 그림을 중심으로 장면을 구성하고 그에 따라 이야기를 엮어 가지만, 동화책은 주인공의 내적·외적 갈등과 모험, 그것을 통한 성장을 주로 이야기한다. 앞서 살폈듯이 그림책의 그림에는 글에 없는 정보까지 실려 있고 그것을 파악함으로써 이야기를 파악할 수도 있다. 그렇지만 동화책의 삽화는 상상을 돕고 분위기를 파악하게 하는 보조 도구다. 그림의 도움을 받는 데는 한계가 있고, 이야기는 글로 파악해야 한다. 글을 잘 읽기 위한 전략과 연습이 필요하다.

또 그림책을 읽던 환경과 동화책을 읽는 환경이 달라진 점도 생각해야 한다. 대개 그림책을 읽던 시절에는 양육자나 교사 등 어른이 함께 책을 읽었다. 그때 어린이는 좋아하는 어른과 무언가를 하는 시간이 즐거웠을 수도 있고, 글을 들으면서 그림을 읽는 것이 재미있었을 수도 있고, 몰랐던 단어와 낯선 세계를 어렵지 않게 파악하면서 새로운 것을 알아 가는 기쁨을 만끽했을 수도 있다.

그렇지만 동화책을 집어 든 어린이는 어른이 도와주던 모든 영역의 일을 혼자서 해결해야 한다. 어린이 입장에서 책 읽기가 과연 그럴만한 가치가 있을까? 고단함을 감수할 만큼 재미가 있을까? 그렇지 않다. 어린이의 세상에는 게임이, 텔레비전이, 자전거가, 놀이터가 있다. 덜 노력해도 더 많은 재미를 얻을 수 있는데 왜 책을 읽는단 말인가. 5학년 혁준이는 첫 만남에서 독서는 "시간 낭비"라고 했다. 공부는 학교에서 하면 되고, 재미는 놀면서 느끼는 건데 왜 책을 읽느냐는 것이었다.

그런 의미에서, 좀 이상한 말이지만 어린이의 노력을 절약해 준다는 뜻에서도 읽기 전략이 필요하다. 그냥 읽기, 많이 읽기, 오래 읽기로는 재미가 생기지 않는다. 이야기를 이해하며 읽고, 등장인물의 처지가 되어 보고, 앞으로의 전개를 예측하고, 작품에 대해 누군가와 이야기를 나눌 때 동화책 읽기의 재미를 경험할 수 있다.

이렇게 재미를 느끼는 방법을 배워야 그 재미를 찾아 책을 '집중'해서 읽게 된다. 2학년 아람이는 213쪽에 이르는, 그림도 많지 않은 『꼬마 바이킹 비케』를 며칠에 걸쳐 끝내다 읽었다. "너무 재미있어서 놀지도 못하고 읽었어요"라고 푸념하듯 말하는 아람이에게 줄거리를 물었더니 "비케가 머리를 써서 바이킹을 구하는 이야기"라고 요약했다. 비케가 물고기를 이용해 감옥에서 나오는 것 말고 자세한 건 생각이 잘 나지 않는다면서도 표정은 의기양양했다. 아람이가 이렇게 기분이 좋은 것은 몰입을 경험했기 때문이다. 그렇다면 읽는 동안 동원된 전략은 이제 버려도 된다.

동화는 문학의 갈래로서, 그에 걸맞은 분석과 접근이 필요하다. 책 한 권으로도 부족한 얘기고, 내가 쓸 수도 없다. 여기서는 독서교실에서 어린이들과 동화를 읽고 이야기를 나눌 때 초점을 어디에 두는지 소개하려고 한다.

줄거리 이해하기

줄거리를 아는 것은 동화책 읽기의 기본이다. 당연한 말이지만 읽은 것이 무슨 내용인지 알아야 토론도 비평도 할 수 있기 때문이다. 동화책을 읽을 때는 무슨 내용인지 파악해 가면서 읽고, 다 읽은 뒤에는 내용을 요약해 말해 보도록 한다. 책을 읽는 동안 "무슨 내용이야?" 하고 계속 물을 수는 없지만, 다 읽은 뒤 요약하기를 반복하다 보면 줄거리를 신경 써서 읽는 습관을 기를 수 있다. 이야기를 잘 요약하는 어린이라면, '최대한 자세히 말하기'나 '자세히 말한 것을 절반으로 줄여 말하기' 등으로 연습할 수 있다. 간단한 활동 같지만 실제로 해 보면 꽤 어렵다. 앞부분은 자세히 말하다가 뒤로 갈수록 이야기의 밀도가 떨어지기도 하고, 불필요한 장면을 길게 말하느라 지친 나머지 중요한 부분을 건너뛰기도 한다. 그래서 독서교실에서는 '중요한 장면을 중심으로 ( )분 동안 말하기'로 연습하곤 한다.

4학년 태호는 책을 건성으로 읽어서 오독할 때가 많고 요약도 어려워한다. 『화장실에 사는 두꺼비』를 읽은 뒤 주인공이 변비에 걸린 이유를 물었더니 "군것질을 많이 해서"라고 대답했다. 이 대답은 틀렸다. 주인공은 엄마와 아빠의 기대가 부담스러운데 이야기할 상대가 없어 끙끙대다 변비에 걸렸다. 까닭을 모르는 부모가 "네가 군것질을 많이 해서 변비에 걸렸다"라고 말하는 장면이 나오는데 태호가 잘못 읽은 것이다. 이렇게 되면 이후 주인공이 갈등을 해결해 가는 과정 즉, 엄마에게 속마음을 털어놓을 방법을 찾아 가는 과정을 이해할 수 없다. 줄거리를 파악하는 기초 연습이 부족해 생긴 일이다.

태호에게 이야기를 다섯 장면으로 나누어 써 보게 했다. 태호는 다음과 같이 정리했다.

1. 준영이(주인공)가 화장실에서 두꺼비를 만났다. (웬 더러운 두꺼비?)
2. 준영이는 자신이 왜 똥을 못 누는지 생각했다. (준영이가 왜 변비에 걸렸는지 궁금했다.)
3. 두꺼비는 준영이가 똥을 누게 해 주었다. (준영이 변비가 해결되어 다행이다.)
4. 엄마는 두꺼비가 똥인 줄 알고 변기 물을 내렸다. (준영이는 엄마가 미웠을 것 같다.)
5. 준영이는 엄마에게 모든 걸 털어놓았다. 두꺼비가 돌아왔다. (다행이다.)

이것을 연결해서 읽으면 간단한 줄거리가 된다. 초보 단계에서는 이 정도로도 충분하다. 여기에 각 장면에서 느낀 점(괄호)을 적고 다시 이어 읽으면 한 편의 독서감상문이 된다. 어린이가 직접 쓴 줄거리를 바탕으로 내용을 보충하는데, 기억을 잘 하지 못하면 다시 책을 보게 해도 된다. 이 과정을 여러 번 반복하면 책을 읽을 때 주요 장면을 찾을 수 있고, 그러기 위해서 책을 좀 더 자세히 읽게 된다.

어린이가 어려워하면 옛이야기처럼 요약이 쉬운 책으로 바꾸어 준다. 이조차도 어려워하면 미리 정리된 줄거리에 빈칸을 채우게 한다. 어떤 내용을 눈여겨보았어야 하는지 알게 하기 위해서다. 빈칸을 채운 뒤에는 전체를 소리 내어 읽게 한다. 이때 반드시 주의해야 할 점이 있다. 어린이가 이것을 '독서 퀴즈' 식 암기 시험으로 여기지 않게 하는 것이다. 잘 정리된 줄거리를 보고 정리하는 방법을 배우는 것이 중요하다.

이야기의 도식 알기

『엘머의 모험』에서 엘머는 동물 섬에 갇혀 있는 아기 용을 구하기 위해 모험을 떠난다. 그의 배낭에는 껌, 칫솔, 분홍색 막대 사탕 스물네 개, '크랜베리'라고 쓰인 자루 등 엉뚱한 물건이 잔뜩 들어 있다. 여기까지 읽고 보면 과연 이 물건들로 어떻게 아기 용을 구할까 싶은데, 엘머는 '크랜베리'라 쓰인 자루에 들어가 크랜베리인 척해서 밀항에 성공하고, 껌으로 호랑이를 어르고, 칫솔로 코뿔소를 따돌리며 모험을 계속한다. 독자는 엘머가 모험과는 전혀 상관없어 보였던 물건들을 꺼내 위기를 넘기는 데서 재치와 유머를 발견할 수 있다. 그리고 아직 쓰이지 않은 막대 사탕이나 리본은 어디에 쓰일까 기대하면서 뒷부분을 읽게 된다. 짐작은 맞을 수도 있고, 틀릴 수도 있다. 하지만 모든 물건이 결국 어딘가에 쓰일 것을 어린이는 알고 있다. 이 공식을 알기 때문에 모험이 재미있어지는 것이다.

초보 독자인 어린이에게는 이야기의 세계를 이해하기 위한 공식, 즉 도식이 필요하다. 정확히 말하면 도식이 여러 종류 필요하다. '집을 떠나 고생하다 돌아오는 이야기', '용기나 지혜로 어려움을 극복하는 이야기', '비밀을 파헤치는 이야기', '오해를 푸는 이야기' 등 도식을 많이 알고 있으면 그 도식을 적용해 이야기를 짐작하면서 즐거움을 느낄 수 있다.

한 권의 책에서 익힌 도식은 다른 책에도 적용할 수 있다.『꼬마 바이킹 비케』의 비케는 폭력을 싫어하는 바이킹이다. 비케의 아버지 할바르는 바이킹 대장으로 용감하고 힘센 사나이다. 할바르는 비케가 겁쟁이라고 걱정하고 비난도 하지만, 함께 떠난 항해에서 비케는 힘 대신 지혜로, 무모 대신 용기로 어른도 해결하지 못하는 문제를 해결한다.『영리한 공주』의 아레트는 '공주가 너무 똑똑하면 안 된다'고 생각하는 어리석은 아버지 때문에 마법사에게 넘겨져 죽을 고생을 하지만 영리함과 다정, 용기로 마법사를 물리치고 자신의 왕국을 세운다.『마녀를 잡아라』의 '나'는 마녀들에 쫓기다 생쥐로 변신하지만 그 점을 이용해 마녀들을 소탕한다. 이런 종류의 모험 이야기는 어른과 대립하는 어린이, 힘이 없지만 지혜로운 어린이, 어른보다 지식은 적지만 용기는 부족하지 않은 어린이가 결국 이긴다는 도식을 알려 준다. 이 도식을 알고 있는 어린이는 모험 이야기를 읽을 때 주인공이 이긴다는 믿음을 바탕으로 과연 어떻게 이길 것인가를 관전 포인트로 삼아 이야기를 즐길 수 있다.

물론 이야기가 언제나 도식대로 흘러가는 것은 아니기 때문에 책 읽기는 재미있다.『마녀를 잡아라』의 주인공은 끝내 소년으로 돌아오지 못하고 생쥐인 채로 8-9년밖에 남지 않은 생을 살아야 한다. 이야기를 읽어 보면 소년으로서는 그게 비극이 아니지만, 많은 어린이 독자가 뜻밖의 결말에 놀란다. 이런 경험 뒤에 모험 이야기를 읽는다면 '주인공이 이기긴 할 텐데, 평범한 해피엔딩일 수도 있고 아닐 수도 있다'는 좀 더 복잡한 도식을 가지고 이야기를 즐길 수 있다. 그리고 독자가 도식을 복잡하게 갖고 있을수록 독서가 재미있어진다.

인물과 공감하기

2학년 유준이는 책 읽기를 무척 좋아한다. 한번 책을 읽기 시작하면 외출 준비를 하던 것도, 형과 게임을 하던 것도 잊는다. 덥거나 어둡거나 상관이 없단다. 가장 좋아하는 것은 과학책이고, 역사책도 좋아한다. 유명 전집이며 학습만화며 할 것 없이 닥치는 대로 읽는다. 덕분에 유준이의 과학, 역사 상식은 초등 고학년 수준을 웃돈다. 어머니는 뿌듯함을 감추지 않으면서도 걱정되는 부분이 있다고 했다. 유준이가 동화책을 전혀 읽지 않는다는 것이다. 각자 좋아하는 갈래가 다를 수 있다고 하더라도, 그토록 책을 좋아하는 어린이가 동화책을 그렇게까지 안 읽는다는 것이 이상했다. 어머니가 가끔 도서관에서 동화책을 빌려 와 읽어 보라고 하면 "이야기책은 (새로 배울 것도 없는데) 왜 읽어야 하느냐"라고 따지듯이 묻는다는 것이다.

유준이 말마따나 지식을 주는 것도 아닌데, 동화책은 왜 읽어야 할까? 답은 여러 가지가 있다. 동화책을 읽으면 이야기의 재미를 느낄 수 있다. 어휘력을 키우고 문장 감각을 익힐 수도 있다. 이야기의 시공간 배경에 따라 지식을 얻게 될 때도 있다. 역사동화에서 역사 사실을 일부 알게 되는 것처럼 말이다. 유준이가 동화책 중 유일하게 읽는 것도 역사동화라고 했다. 그렇지만 동화는 문학 작품이기 때문에 역사 사실도 대부분 가공된다. 지식의 창구로 생각하다가는 낭패 보기 십상이다.

나는 어린이가 동화책을 읽어야 하는 중요한 이유 중 하나로 '공감 능력 키우기'를 든다. 어린이에게 타인과 공감하는 능력이 필요한 이유는 따로 설명하지 않아도 될 것이다. 남을 도울 때뿐만 아니라, 자신이 어려움에 처했을 때 남에게 도움을 청하는 데도 '공감'에 대한 이해와 믿음이 필요하다는 점을 새삼 짚고 싶다.

다른 사람의 입장에서 생각해 보거나, 다른 사람의 감정에 공감하는 것은 어른도 어려운 일이다. 어른에 비해 경험이 적은 어린이는 더 어렵다. 부모 세대에 비해 일상적으로 만나 어울리는 동네 친구가 적고, 수업 시간 외에는 학교 친구와 어울릴 기회도 없다시피 한 것도 요즘 어린이가 공감 능력을 키우기 어려운 이유 중 하나다.

좋은 동화는 이야기 속 인물의 생각과 느낌을 독자에게 잘 전달할뿐더러, 그렇게 생각하거나 느끼는 이유를 독자가 납득할 수 있게 이야기를 꾸려 나간다. 주인공은 물론이고 주변 인물까지도 그렇게 행동하는 이유가 있다. 독자가 꼭 그들과 똑같은 감정을 느끼거나 완전히 이해해야만 의미 있는 것이 아니다. 사람마다 생각이 다를 수 있다는 것, 누군가의 생각과 느낌을 내가 다 알 수 없다는 것을 깨닫는 것도 중요하다. 공교롭게도 유준이는 친구 관계가 그리 원만하지 않았다. 동화책을 읽지 않는 것만이 이유는 아니겠지만, 전혀 무관하다고 볼 수는 없다.

유준이에게는 역사동화의 시간 배경이나 사건보다 인물의 행동 동기를 헤아려 보는 연습이 필요했다. 하루아침에 변화가 일어나지는 않았지만 유준이는 '3:2:1'에서 1-2 정도 비율로 동화책도 읽고 있다. 『미라가 된 고양이』에서는 베리티가 고양이를 미라로 만들려고 한 동기(죽은 엄마에 대한 슬픔과 그리움이 뒤섞임)보다 베리티가 참고한 이집트 미라 제작법에 더 관심을 보였다. 그렇지만 "베리티의 가장 친한 친구라면 베리티에게 무슨 말을 해 줄까?" 하는 질문에는 "네가 메이블(고양이)을 미라로 만든 것도 이해는 간다. 그렇지만 가족들에게는 메이블의 죽음에 대해서 알리는 게 더 좋을 것 같아. 아마 모두 고양이가 어디 갔나 걱정하실 거야"라고 적었다.

주인공의 성격을 표현하는 다양한 단어를 적어 보고, 그 밖의 인물도 같은 방법으로 적어 보면 각자의 개성을 한눈에 확인할 수 있다. 『용이 되기 싫은 이무기 꽝철이』의 훈장님은 용이 되는 데 실패한 아픈 과거 때문에 모든 제자를 용으로 만들기 위해 닦달한다. 다들 열심히 노력하지만, 여의주 만들기는 아주 잘하면서도 높은 곳 날기를 싫어하고 천둥 번개를 무서워하는 꽝철이는 용이 되기 싫다고 버틴다. 훈장님은 '걱정이 많다/초조하다/무섭다/화를 낸다'라고, 꽝철이는 '느긋하다/겁이 많다/재주가 많다/재미있다'라고 설명할 수 있다. 이렇게 정리하고 나면 각자가 왜 그런 성격이 되었는지, 또는 그런 성격 때문에 어떤 행동을 했는지 가늠해 볼 수 있다.

등장인물끼리 서로를 어떻게 생각할지 짐작해 보는 활동도 효과가 좋다. 『80일간의 세계일주』를 읽은 4학년 어린이들에게, 등장인물들이 각자의 말투로 다른 인물을 소개하는 활동을 제안했다. 계획적인 포그가 보기에 하인 파스파르투는 천방지축에 어수선한 인물일 것만 같지만 예진이는 이렇게 적었다.

"내 하인은 좀 덤벙대지. 저번에는 사원에 잘못 들어가서 일행과 헤어질 뻔했고, 여행 오면서 가스등도 안 껐어. 하지만 위기 상황에 잘 대처하고 저번엔 아우다 부인까지 구했지. 대견한 하인이야. 어흠!"

다른 사람이 되어 볼 수 있는 것. 동화책을 읽으면서 얻을 수 있는 가장 큰 이익 아닐까?

10

{ **동시집: 빈 곳을 채우기** }

동시를 이야기하기 전에 짚어 둘 것이 두 가지 있다.

하나는 '동시'와 '어린이 시'의 구별이다. 어린이 시는 어린이가 쓴 시이다. 어린이 시에는 어린이의 삶과 생각이, 때로는 말할 수 없는 고민이나 슬픔이 드러난다. 그래서 어린이에게 시를 쓰도록 가르치는 교육은 매우 중요하고, 나 역시 독서교실 어린이들과 자주 어린이 시를 읽으면서 시 쓰기를 독려한다. 그런데 내가 발견한 재미있는 점은 어린이 시가 어른에게는 감동과 성찰의 시간을 주는 반면 어린이에게는 그렇게 큰 반향을 일으키지 않는다는 것이다. 솔직하고 재치가 번뜩이는 어린이 시를 읽어 주어도 "정말 그렇게만 써도 책에 실려요?" 한다. 아마도 어른에게는 기발해 보이는 것이 어린이 눈에는 대수롭지 않아보이는 탓이 아닐까 싶다. 어쨌든 '책에 실린' 어린이 시를 읽어 주면 어린이들이 시를 쓰는 자신감이 상승한다. 그런 점에서는 유익한 독서이지만, 지금 내가 이야기하려는 것은 '동시'를 읽는 일이다.

동시는 (어른 시인이) 어린이가 읽을 수 있게 쓴 시이다. 그리고 동화가 그렇듯이 어린이뿐 아니라 어른이 읽어도 좋은 동시가 정말 좋은 동시다. 물론 세상 어딘가에는 어린이이면서 요건에 맞는 동시를 쓰는 시인도 있을 것이다. 그렇지만 어린이책 편집자로서도 독자로서도 지금까지 그런 시인은 만나지 못했다. 아직은 어른이 쓴 동시에 한정해 얘기해도 될 것 같다.

또 하나는 어린이를 포함한 대부분의 사람이 동시를 별로 좋아하지 않는다는 점이다. 이 말을 하는 이유는 "좋은 줄은 알지만 나(우리 아이)는 동시를 안 좋아해서"라고 물러나지 말자는 뜻에서다. 모든 사람이 동시를 좋아하는 것은 아니고 그럴 필요도 없다. 그렇지만 동시를 읽음으로써 얻는 즐거움과 유익은 분명히 있고, 그것을 누리기 위해 노력할 가치가 있다는 사실도 무시하지 말았으면 한다.

동시를 읽으면 어떤 점이 좋을까? 처음 어린이들에게 질문을 던지면 "근데 동시집은 너무 빨리 읽게 돼서 좀 허전해요", "읽긴 읽는데 왜 읽는지 모르겠어요"라는 답이 먼저 나온다. 동시 읽기를 어느 정도 연습한 뒤에 물으면 그래도 조금 생각해 본다. "좋은 말을 배울 수 있어요", "짧은데도 재미있는 시를 읽을 때도 있어요", "그림이 떠올라요", "시를 읽고 나면 시를 쓸 수 있어요" 내가 하려는 말과 거의 비슷하다.

동시를 읽는 이유는 시를 읽는 이유와 똑같다. 아름답기 때문이다. 어린이는 모두가 순수하다고 덮어놓고 찬양하거나, 어린이의 말투를 흉내 내어 귀여운 척을 한다거나, 즐거움을 주는 척하면서 슬쩍 교훈을 끼워 넣는 시는 아름다울 수가 없다. 시 속에 담긴 어른의 의도를 어린이는 금방 알아차린다. 어린이라는 독자는 아직 독서 경험이 적지만, '본능' 영역에서 어른보다 훨씬 뛰어난 감각을 갖고 있다는 점을 잊어서는 안 된다.

그렇다면 어떤 동시가 아름다울까? 함축과 상징이 있는 동시가 아름답다. 어떤 동시가 짧은데도 재미있다면 함축과 상징에서 성공한 것이다. 운율이나 어감이 좋은 동시, 평소에 잘 쓰지 않는 말을 적절하게 썼거나 평범한 말도 새로운 느낌이 들도록 쓰인 동시가 아름답다. 이런 시에서 어린이는 좋은 말을 배울 수 있다. 시인이 글로 그린 장면이 어린이 머릿속에 훤히 그려지는 시가 아름답다. 아름다운 동시는 종종 독자에게도 시를 쓰고 싶은 마음을 일으킨다. 창의성을 자극한다고도 말할 수 있겠다. 시의 말들이 무엇을 의미하는지, 이런 표현 방식을 무어라 부르는지 등은 교과 과정에서 배우는 것으로 충분하다. 어린이 독자와 함께 동시집을 읽을 때는 시를 읽는 즐거움을 찾는 데 초점을 맞추자.

마음에 드는 시를 골라 본다

감자
— 장만영

할머니가 보내셨구나,
이 많은 감자를.
야 참 알이 굵기도 하다.
아버지 주먹만이나 하구나.

올 같은 가물에
어쩌면 이런 감자가 됐을까?
할머니는 무슨 재주일까?

화롯불에 감자를 구우면
할머니 냄새가 나는 것 같다.
이 저녁 할머니는 무엇을 하고 계실까?
머리털이 허이연
우리 할머니.

할머니가 보내 주신 감자는
구워도 먹고 쪄도 먹고

간장에 졸여

두고두고 밥반찬으로 하기로 했다.

1949년에 쓰인 이 시를, 2016년의 3학년 현우가 마음에
들어 했다. 『귀뚜라미와 나와』라는 근대 동시집을 읽은 뒤
였다.

"저도 감자를 좋아해요. 우리 할머니도 여름에 감자랑
옥수수랑 보내 주실 때가 있어요. 우리 할머니는 부산에
사시는데 농사를 지으시는 건 아니고 사서 보내 주시는데
요. 상자 열어 보면 감자가 진짜 커요. 아마 얘(시의 화자)
네 감자보다 클걸요?"

가뭄에 감자가 많지도 않을 텐데, 그것도 큰 것만 골라
서 손주네 집에 보낸 할머니의 마음이 애틋한 시다. 현우
는 '가뭄'이 뭔지도 모르고 감자를 화롯불에 구워 먹어 본
적도 없다. 하지만 감자와 옥수수를 먹을 때마다 할머니가
떠오르는 것은 시 속 상황과 다를 바 없다.

독서교실에서는 어린이들에게 동시집을 권할 때 붙였다
뗐다 할 수 있는 메모지를 다섯 장 준다. 시집을 읽으면서
마음에 드는 시를 골라 메모지를 붙여 오라는 게 숙제다.
다섯 편을 고를 수 있으면 제일 좋고, 세 편 정도만 골라도
된다. 혹시 영 이상하다 싶은 시가 있으면 거기에 붙여도
된다. 그런 뒤에는 각자 고른 시를 낭독한다. 나 역시 그렇
게 한다. 이때 '마음에 든 시'는 결국 공감할 수 있는 시, 새

로운 재미를 느끼게 한 시다. 우리는 같은 시를 고르기도 하고, 전혀 다른 시를 고르기도 한다. 이렇게 하면서 시를 이해해야 한다는 부담에서 벗어나 시를 평가하는 입장이 되어 볼 수 있다. 또 나는 별로 마음에 들지 않았던 시를 누군가는 좋아할 수 있다는 것, 즉 감상이 다양하다는 사실도 배울 수 있다. 그리고 나면 다음에는 동시집을 한결 마음 편하게 읽을 수 있다.

매미

나무 등에
업혀서도 운다

나뭇잎 품에
안겨서도 운다

이래도 울고
저래도 운다

귀뚜라미 우니
그제야 그친다

박승우의 동시집 『생각하는 감자』를 읽고 6학년 혜연이

가 뽑은 시 중 하나다. 계절의 변화를 그린 시인데, 혜연이
는 이 시를 고른 이유를 "매미는 저고요, 나무는 아빠, 나
뭇잎은 엄마, 귀뚜라미는 제 동생 같아요"라고 설명했다.
혜연이네 가족은 지금 해체 위기를 맞이했다. 혜연이는 내
게 늘 동생과 툭탁거리고 싸운다고 했지만 속으로는 걱정
되었던 모양이다. 더 울고 싶지만, 동생이 울면 자기 울음
을 그치는 혜연이. 이런 마음으로 동시를 읽는 어린이에게,
시인의 의도를 다시 설명하는 게 무슨 의미가 있을까?

  같은 동시집을 읽고, 사춘기가 막 시작된 6학년 지우는
이 시를 골랐다.

나비 커튼

나비가
꽃에 앉아

날개 커튼
쳐 주는 사이

수술과 암술은
뽀뽀를 했대요

앞서 말했듯이 이 세상에는 책보다 독자가 다양하다. 훨

씬 다양하다.

빈 곳을 채워 본다

좋은 동시는 창의성을 자극한다. 사전에 실린 창의성의 의미는 "새로운 것을 생각해 내는 특성"인데 여기서 말하는 '새로운 것'은 아무것도 없는 데서 생기는 것이 아니라 있는 것을 바탕으로 창조된 것이다.

나는 동시를 읽는 것이 '시인이 비워 둔 자리를 독자가 채우는 일'이라고 본다. 함축과 상징에 성공한 동시는 무엇을 함축하고 무엇을 상징하는지를 설명하지 않는다. 독자가 찾아야 한다. 좋은 말을 발견해 쓴 시에서 시인은 그 말을 어디에서 어떻게 발견했는지 다 말해 주지 않는다. 독자가 찾아야 한다. 그림이 훤히 그려지는 동시라 해도 시인은 그 머릿속 그림의 구도와 색을 일일이 지정해 주지 않는다. 독자가 그려야 한다. 그래서 동시를 읽고 시인이 언제, 왜, 어디서 이 시를 썼을까 상상해 보는 일이 독자의 창의성을 자극하는 것이다.

빗방울
— 송창일

비 오는 날
빗방울들이

빨랫줄 위에서
동 동 동
줄타기 연습하오.

뒤에 오는
빗방울 하나
앞선 놈 밀치다
뚜―욱―딱
둘이 다 떨어져요.

『귀뚜라미와 나와』에서 내가 고른 시 중 한 편이 이 작품
이다. 나는 이 시를 읽으면 비 오는 날 나가 놀고 싶어서 밖
을 내다보던 어린이가 빗방울을 구경하는 모습이 그려진
다. 빗방울을 보고 '줄타기 연습'을 떠올린 어린이의 마음
이 느껴지고, 빗방울이 합쳐져 떨어지는 데서 글감을 찾은
시인의 감각도 훌륭하다고 생각한다. 내 낭독을 듣던 어린
이들이 소리 내어 웃었다. "되게 웃긴 시네요" 하는 어린
이들에게 이 상황을 네 컷 만화로 그려 보자고 했다. 세준
이는 우산 위에서 달리기 경주를 하던 빗방울들이 우산을
접자 또르르 우산꽂이로 떨어지는 만화를 그렸다. 규민이
는 빨랫줄에서 먼저 떨어진 빗방울이 나중에 떨어지는 빗
방울이 다치지 않도록 받아 준 뒤 큰 빗방울이 된다는 만
화를 그렸다. 시 한 편이 만화 여러 편을 만든 셈이다.

짝꿍

—강정연

짝꿍이 자꾸만 쳐다보기에
콧방귀 퐁 뀌며 따져 물었다
"뭘 보니?"
대답도 않고 얼굴만 빨개지는 걸 보니
나를 좋아하나?

집에 와서 거울 보고
으악!
깜짝 놀랐다

(   )

강정연 동시집 『섭섭한 젓가락』에 실린 시다. 출판사에서 배포한 자료를 참고해서 빈 칸을 채우는 간단한 활동을 했다. 아직 원래 시를 읽지 않은 다은이는 이렇게 적었다.

내 얼굴이 빨갛기 때문이다

원래 시에는 "코 옆에 붙어 있는 내 코딱지"라고 쓰여 있지만, 나는 다은이의 시가 훨씬 마음이 든다.

11
{ **역사책: 감수성 기르기** }

살아온 시간이 십 년 안팎인 어린이에게 수십, 수백 년 전 이야기를 다루는 역사는 아무래도 낯선 갈래다. 역사는 연대의 흐름을 알고 맥락에 따라 사건과 유물을 이해하는 것이 중요한데, 이 맥락 잡기가 어려운 어린이로서는 역사에 대한 단편적인 정보를 얻어도 어떻게 처리해야 할지 모르는 경우가 많다. 흥행한 영화 『명량』 덕분에 이순신을 알게 된 3학년 승민이는 임진왜란이 조선 시대 일인지 고려 시대 일인지 헷갈려 하고, 드라마 『육룡이 나르샤』 덕분에 고려 이후 조선이 세워진 것을 아는 5학년 혁준이도 고구려가 먼저인지 고려가 먼저인지 헷갈려 한다. 그래서 독서교실 3학년 이상 수업에서는 기회가 될 때마다 고조선에서 대한민국에 이르기까지 한반도를 차지한 나라 이름을 순서대로 적어 본다. 그리고 어린이가 관심을 갖는 역사

속 인물이나 사건이 이 표의 어느 대목쯤에 위치하는지 표시한다. 몇 차례 같은 과정을 반복하면 어린이도 어느 정도 맥락을 잡게 된다.

그런데 통사적으로 기술된 역사책은 어린이의 흥미를 끌기가 어렵다. 먼 옛날로 거슬러 올라가 낯선 인물과 사건을 배우는 것도 부담스럽고, 또 그때 역사가 오늘날의 나와 무슨 상관이 있는지 납득하기 어렵기 때문이다. 초등 저학년 어린이라면 전통문화를 알려 주는 그림책으로 옛날 사람의 생활 감각을 배우는 게 좋다. 3학년이 되면 사회과 수업에서 교통과 통신의 발달 과정, 고장의 특징과 역사를 배우면서 역사 관련 지식을 얻는다. 독서교실에서는 이 무렵의 어린이와 '인물 이야기'를 읽는 것으로 역사책 읽기를 시작한다.

역사에 관심이 있는 고학년 어린이라면 같은 주제의 책을 두세 종 읽는 편이 좋다. 알다시피 역사는 관점에 따라 다르게 서술될 수 있기 때문이다. 어떤 의미에서 어린이는 오히려 고정관념을 갖기 쉽다. 6학년 지우는 신라의 삼국 통일에 대해 매우 부정적인 시각을 갖고 있다. 어느 책에선가 '당나라의 힘을 빌려 한 통일이기 때문에 반쪽짜리다. 게다가 고구려 땅도 내주었다'라고 평한 것만 받아들인 것이다. 백성을 고통스럽게 한 긴 전쟁을 끝내고 처음으로 하나의 나라를 만들었다는 데 의의를 둘 수도 있다는 다른 관점을 제시했지만 지우는 "그래도 끝까지 싸웠으면

당나라 없이 통일했을지도 모르잖아요" 하며 토론조차 하려 들지 않았다.

인물 이야기 읽기

역사책을 처음 읽는 어린이에게 먼저 권하는 것은 인물 이야기이다. 인물 이야기는 주인공이 분명하고 사건(일화)을 중심으로 전개되기 때문에 동화책처럼 읽을 수 있다. 앞으로 읽어 갈 역사책을 이해하기 위한 기본 지식을 얻기도 적절하다.

그런데 부모 세대에게는 '인물 이야기'보다 '위인전'이 더 익숙할지 모르겠다. 위인전은 대단한 업적을 남겼거나 큰 성공을 거둔 위인의 일생을 알려 줄 목적으로 쓰였고, 독자는 그의 삶에서 교훈을 얻고 본받을 점을 찾는 것을 당연하게 여겼다. 그렇다 보니 위인전은 결국 '성공'이라는 결말에 집착해 사건 서술이 편향되기 쉬웠고 왜곡도 많았다. 무엇보다 누구를 '위인'으로 보느냐 하는 관점부터 숙고되지 않아 문제였다. 다행히 요즘은 인생관이 보편적으로 훌륭하다고 할 수 있는 인물, 자기 자신은 물론 인류의 공통의 행복에 이바지한 인물의 이야기가 출판되는 추세다. 마틴 루서 킹이나 전태일 인물 이야기가 여러 종 출간된 것도 그런 맥락이다.

인물 이야기를 읽을 때는 무엇보다 그가 처한 시대 상황을 알아야 한다. 그것을 바탕으로 인물의 행동 동기와 일생의 체험을 이해할 수 있다.

어린이날이 다가올 무렵 4학년 어린이들과 『뚱보 방정 환 선생님 이야기』를 읽은 적이 있다. 책을 읽기 전 어린이들은 방정환이 어린이날을 만든 분이라는 사실 외에 별로 아는 것이 없었다.

"방정환 선생님은 왜 어린이날을 만드셨을까?"

잠깐 침묵한 뒤 나온 답은 이랬다.

"……우리를 좋아해서요?"

이 책에는 소년 방정환을 포함한 100여 년 전 어린이의 고단한 삶이 잘 기록되어 있다. 학대에 가까운 방치와 노동, 폭력에 시달리던 당시 어린이는 당연히 제대로 된 교육도 받지 못했다. 방정환은 이 소년소녀들을 존중하자는 뜻에서 그들을 '어린이'라 부르자고 제안하고 어린이날을 만들어 알리며 어린이 교육에도 힘썼다.

책을 읽은 뒤 태호가 물었다.

"그런데 왜 일제는 그렇게 방정환 선생님을 감시했어요? 어린이가 무슨 상관이라고."

"상관이 있지. 어린이가 똑똑해지면 독립 운동을 할 수도 있잖아."

대답한 사람은 역시 역사를 좋아하는 다은이였다. 내가 설명을 덧붙였다.

"어린이를 교육하는 것은 앞날을 준비하는 거야. 방정환 선생님은 '어린이는 나라의 미래요, 한 세대 새로운 사람입니다. 어린이의 뜻을 가볍게 여기지 마십시오'라고도 말

씀하셨대. 그래서 방정환 선생님은 어린이를 교육한 거고
일제는 또 그래서 싫어했던 거겠지."

"여기 잘못 나온 것도 있어요. 방정환 선생님이 천도교
래요. 천주교 아니에요?"

예진이가 뜻밖의 질문을 던져 천도교에 대해 알려 주고,
'사람이 곧 하늘'이라는 교리가 당시 사람들에게 얼마나
위로가 되었을지 설명했다. '방정환'과 '어린이'라는 키워
드가 강력했던 덕분인지 어려운 이야기도 어린이들은 잘
들었다. 특히 관심을 기울인 다은이에게는 『어린이들의 한
국사』를 권했다. 5천 년 전부터 오늘날까지, 역사 속 어린
이의 삶을 소개한 책이다.

역사 감수성 익히기

"역사를 보는 자기만의 관점을 가져야 한다."

어린이 역사책 광고에 자주 등장하는 말이다. 얼핏 보면 좋은 말 같은데 생각하면 좀 이상하다. 역사책을 읽을 때 주입식으로 무조건 외우지 말고 각자 생각을 해야 된다는 점에는 동의한다. 그런데 과연 어린이가 '역사를 보는 자기만의 관점'을 갖는 것이 가능할까? 관점을 갖추려면 역사 사실을 많이 알아야 되고, 그 사실을 여러 각도에서 조명할 수 있어야 하고, 흐름을 알아야 하고, 자신의 가치관을 바탕으로 생각할 수 있어야 한다. 학자에게도 간단하지 않은 일인데, 어린이가 할 수 있을까? 사실상 무리이고 필요한 일도 아니다. 관점을 갖는 것은 배울 수 있고, 배워야 한다. 그렇지만 역사 사실을 알아 가는 어린이에게 '생각'이나 '판단'을 지나치게 요구하면 오히려 역사를 어렵고 막막한 것으로 여기게 된다. 역사 사실을 배우되, 그 해석에는 여러 관점이 있을 수 있다는 걸 아는 정도로 충분하다.

나는 어린이가 관점을 갖기 위해 필요한 것은 감수성과 상상력이라고 생각한다. 그 시대 사람의 삶과 생활 환경을 짐작할 수 있어야 공감할 수도, 의문을 제기할 수도 있다. 그러려면 정보가 구체적인 책, 현재 우리 삶과 연결되는 고리가 있는 책을 읽어야 한다.

『서울의 동쪽』은 그림책이지만 읽고 이해해야 하는 정보가 많아 고학년 어린이에게 권하는데, 특히 함께 읽은 부모님들 반응이 좋았다. '패션 타운' 동대문의 옛 모습, 평화시장이나 동대문운동장에 대한 기억 때문이다. 태호 어머니도 그러셨다.

"저 옛날에 평화시장 많이 갔거든요. 그래도 그런 역사가 있는 줄은 몰랐죠. 옛날에 알았으면 더 좋았을 텐데. 태호랑 동생이랑 데리고 동대문디자인플라자DDP 한번 가 보려고요. 제가 설명을 잘해야 할 텐데."

한양이 조선의 도읍지가 된 이래 서울의 동쪽 아차산 자락에는 말 목장이 들어서고, 말을 훈련시키는 군인들이 모여 살았다. 균역법이 시행된 뒤에는 군인이 장사에 나서면서 시장이 만들어졌다. 일제 강점기에 나라가 망하자 성곽도 무너지고 군인도 실업자가 되어 비참한 노동 환경에 내던져졌다. 한국전쟁 시기에도 동대문에는 군인과 실향민, 상경한 시골 사람이 모여들었다. 미군 부대에서 흘러나온 물자로 여전히 시장이 섰으며, 여기 세워진 옷 공장에서 일하는 노동자의 열악한 환경을 개선하라고 전태일이 분신을 했다. 동대문 패션 타운의 역사가 그렇게 흘러왔다는 것을 알면 역사가 새롭게 느껴진다. 태호 어머니가 다 설명하지 못하셔도 된다. 어쩌면 태호는 동대문을 누비던 어머니 얘기를 더 재미있어할지도 모른다. 태호에게는 그것도 역사 공부다. 어쩌면 책으로 하는 것보다 훨씬 좋은 역사 공부가 될 수 있다.

역사 감수성과 상상력을 키우는 또 하나의 방법은 유물 보는 방법을 배우는 것이다. 박물관에 가서 직접 보는 것도 좋지만 별다른 지식 없이 가서 유물만 보아서는 흥미가 생기기 어렵다. 어린이 역사책에는 보통 유물 사진이나 참고 그림이 실리는데 사진이 너무 작거나 상태가 나빠서 감흥이 일지 않는 경우도 있으니 적극적으로 유물을 소개하는 책을 찾아봐야 한다.

『실물크기 유물로 보는 역사 도감』은 유물 전체나 일부를 실물 크기로 보여 줘 크기를 가늠할 수 있어 좋고, 일부를 자세히 들여다보는 것도 재미있다. 빗살무늬 토기의 무늬를 들여다보던 세준이는 혼잣말로 "만져 보고 싶다"라고 했다. 『옛날 사람들은 어떻게 살았을까 2』는 조선 시대 도자기를 자세히 설명하는 책이다. 멋진 물고기가 그려진 접시, 사자가 올라앉은 도장, 익살맞은 개구리 연적 등 사진 자료가 많다. 2학년 아람이는 사진만 넘겨 보다가 '백자 양각 매화무늬 합'을 보고는 "이건 꼭 밥그릇처럼 생겼네요" 했다. 내가 책의 설명을 읽어 주자 정말로 밥그릇이라는 사실을 알고는 깜짝 놀랐다. 처음부터 전시용이었을 것만 같은 유물이 누군가의 실생활에 쓰인 물건이라는 게 신기했던 모양이다.

"그럼 제가 쓰던 지우개도 나중에 유물이 될 수 있어요?"

"지금 알 수는 없지만, 만약에 세월이 아주 많이 지나고 세상에 지우개가 거의 없어졌는데, 그때까지 아람이 지우개가 남아 있고 누군가에게 발견된다면 안 될 것도 없지."

『두근두근 한국사』는 선사 시대부터 대한민국까지 역사를 통사로 다루지만 각 장을 시작할 때 관련 유물을 소개한다. 본문에도 사진 자료가 많은데 사진 속 눈여겨볼 부분에 번호를 붙이고 글로 자세히 설명해서 어린이가 유물을 이해하고 감상하는 방법을 배울 수 있다. 일제 강점기 여성 노동운동가 강주룡의 고공 농성 사진, 2000년 시드니 올림픽 개막식에서 한반도기를 들고 공동 입장하는 남북 선수단 사진, 위안부 할머니들의 시위 사진도 실렸다. 현대사를 비중 있게 다룬 점이 반갑다.

어린이와 역사책을 읽은 뒤에는 '오늘(요즘) 역사 쓰기'를 권한다. 100년 뒤의 어린이가 역사 시간에 배울 내용을 적어 보는 것이다. 독서교실 어린이들은 '아직' 통일이 안되었다는 것, 메르스 때문에 학교 쉰 것, 스마트폰 쓰는 것, 요즘 교통수단, 김치랑 비빔밥이 맛있는 것, 세월호 언니 오빠에 대해 적었다. 오늘의 삶이 역사가 된다는 걸 어린이들은 알고 있다.

12
{ 과학책: 지식을 전달하는 방법 }

3학년 윤호는 유명한 과학 실험 학원에 다니고 있다. 과학에 별 관심이 없으니 실험하는 학원에 다니면 흥미가 생기지 않을까 하는 기대로 부모님이 권한 것이다. 다행히 윤호가 재미있어하는데, 학원에서는 '레벨 업'을 시켜 주지 않았다. 윤호의 과학 일기(실험 보고서)를 바탕으로 다음 단계로 넘어갈 준비가 안 되었다고 판단했단다. 윤호의 일기에는 실험이 얼마나 재미있었는지는 꽤 자세히 쓰여 있지만, 실험의 목적이 무엇이었고 어떻게 진행되었는지는 대충 쓰여 있거나 부정확한 그림으로 표현되어 있었다. 일상적인 일기로 보면 모를까 이른바 '서술형 과학'에 대비한 공부라고 보기는 어려웠다.

사회는 물론 과학이나 수학처럼 얼핏 '서술'과 관련이 없어 보이는 교과도 서술 능력을 요구한다. 아는 것, 새롭게 알게 된 것, 더 알고 싶은 것을 글로 써 내려가는 것은 말처럼 쉽지 않다. 일단 대부분의 어린이는 쓰는 것을 부담스러워한다. 학습한 내용을 받아들이기도 쉽지 않은데, 그것을 '쓸 수 있을 만큼' 잘 알아야 하고, '잘 써야' 하기 때문에 몇 겹으로 힘들다. 윤호가 실험 과정을 대충 적거나 그린 것은 이 점이 어려웠기 때문이고, 그나마 자기가 잘 쓸 수 있는 '느낌'으로 모자란 서술을 채웠기 때문에 엉성한 과학 일기가 된 것이다.

그런데 왜 어린이에게 과학 글쓰기를 요구하는 것일까? 현대 과학자에게 실제로 글쓰기가 필요하기 때문이다. 『모든 사람을 위한 과학 글쓰기』에서 설명하듯이, 과학자가 글을 쓰면 관찰과 기록, 생각 정리 등 연구 과정을 더잘 수행할 수 있다. 인접 분야와 공동 연구가 많은 오늘날 과학의 특성상, 소통을 위한 글쓰기 역시 필요하다. 과학 이외 분야에 연구의 필요성, 결과, 파장 효과를 설명하고 설득하는 데도 글쓰기가 필요하다. '서술형'이라는 말에는 '문제'라는 뉘앙스가 있어서 좀 불편하게 느껴지는 것이 사실이고, 그에 걸맞은 교육 방식은 아직 계발 단계에 있다. 그렇지만 과학과 글쓰기를 연결하는 시도 자체는 바람직하다.

어린이가 과학 글쓰기를 배우려면, 잘 쓰인 과학책을 읽어야 한다. 내용이 정확하고 전달 방식에서도 배울 점이 있는 과학책, 진솔하고 설득력 있는 문체로 쓰인 과학책을 읽어야 한다. 더불어 과학에 대한 관심을 일으키고 또 지속시킬 수 있는, 즉 감동을 주는 과학책을 읽어야 한다. 그런 책을 고르는 것이 과학책 읽기, 과학 글쓰기의 첫걸음이다.

지식을 전달하는 방법 배우기

어린이는 책에서 지식뿐 아니라 그 지식을 얻기 위해 연구자가 어떻게 탐구했는지를 배워야 한다. 또 작가가 어떤 방법으로 그 사실을 독자에게(나에게) 알리고 있는지도 배워야 한다. 지식을 많이 담으려고 독자의 수준을 고려하지 않거나, 쉽게 설명한다는 미명 아래 너무 얕은 수준으로 써서 독자의 호기심을 불러일으키는 데 실패한 책을 종종 본다. 지식을 전달하는 책은 지식을 전달하는 방법도 지적이어야 한다. 이렇게 쓰면 까다로운 것 같은데, 따지고 보면 어른이 읽는 책을 평가하는 잣대와 별로 다르지 않다.

『우주는 어떻게 생겼을까?』는 1978년에 처음 출간된 과학책이다. 과학 지식이 나날이 발전하고 있는 오늘날 지난 세기의 과학책이 흥미를 끌 수 있을까 싶지만 책을 펼치고 나면 저자의 방대한 조사와 심혈을 기울인 구성, 우주를 향한 경외감에 탄복하게 된다. '벼룩이라는 곤충을 아세요?'라는 질문을 시작으로 곤충의 뛰고 나는 능력을 자세히 기술하고, 사람의 능력을 그것에 비교한다. 더 빨리 달리고 싶고, 날고 싶어 하지만 신체 능력에 한계가 있는 인간이 그 한계를 극복하고 하늘을 날기 위해 어떤 노력을 기울여 왔는지, 기계를 발명하는 한편으로 대기와 우주에 대한 연구는 어떻게 이어져 왔는지 설명하는 것이 책의 전반부다. 후반부에 이르러서야 대우주를 향한 장엄한 여행이 펼쳐진다. 전반부에서 자연의 위대함과 인류의 노력에 대해 충분히 이야기했기 때문에 우주 탐험의 감동이 더 크게 느껴진다.

저자가 직접 쓴 '해설'에는 그의 서술 원칙이 소개되어 있다. 그중 하나를 소개하면 이렇다. "전체를 관철하는 주축과 큰 흐름을 문장이나 그림에서 잘 보여 주면서 되도록 정감 있고 세밀하면서 다양하게 쓸 것." 물론 그가 조사한 수치는 오늘날 조정이 필요한 대목이 있고, 어린이가 살아갈 미래에 다시 조정될 것들이다. 하지만 우주에 대한 선망과 꿈을 이루려는 치열한 노력의 가치는 변하지 않는다. 이 책을 읽은 뒤에는 인류의 노력이 느껴지는 부분을 찾거나 작가가 제일 어려워했을 법한 부분을 찾아 발표하는 것도 좋다.

『눈 결정체는 어떻게 생겼을까요?』는 구름 속 작은 '핵'에 수증기가 들러붙어 눈 결정체가 만들어지는 과정과 눈 결정체가 저마다 다르게 생긴 이유를 설명한 책이다. 수많은 눈 결정체 사진을 보는 것만으로도 즐겁다. 책 뒤에 실린 관찰 방법도 꽤 유용하다. 독서교실에서는 이 책과 함께 꼭 보는 책이 있다. 『내 동생 눈송이 아저씨』로, 부제가 알려 주듯이 '세상에서 처음 눈꽃의 아름다움을 사진에 담은 과학자, 윌슨 벤틀리 이야기'다. 어려서부터 비와 눈을 좋아해 어떻게든 관찰하고 기록할 방법을 찾은 소년 윌슨 벤틀리의 탐구 정신도 놀랍지만, 넉넉하지 않은 환경에도 아들에게 현미경과 사진기를 마련해 주는 가족의 지원과 사랑도 감동적이다. 눈송이 하나하나의 모습이 다르다는 사실 자체는 단순한 정보다. 그렇지만 그 사실을 알아내기 위해 일생을 바친 과학자가 있고, 그는 물론이고 가족의 헌신 덕분에 과학과 사진술에 진보가 있었음을 생각하면 눈송이도 새삼 아름답다. 나아가 남이 별다른 관심을 갖지 않는 분야도 과학 연구 영역이 될 수 있다는 것도 배울 수 있다.

『오줌을 연구하자』의 작가는 연구를 위해 오줌을 맛보기까지 하고 어린이에게 그 느낌을 전해 준다. 우리 몸에서 오줌이 만들어지는 과정이나 똥과 다른 점 등을 설명하고, 각자 하루 치 오줌의 양을 재 볼 것도 제안한다. 작가의 태도가 진지하고 서술이 자세해서 '더럽다'는 느낌을 잊고 책을 읽게 된다.

이 책의 제일 큰 장점은 지식을 탐구하는 방법을 배울 수 있다는 것이다. 책 뒤에는 작가가 작성한 '그림표'가 있는데, 마인드맵 형식으로 머릿속에 떠오르는 생각을 정리한 것이다. '세포'에 이어 '세포의 크기는?', '세포는 죽지 않을까?' 하는 질문이 적힌 점이 흥미로워서, 어린이들과 비슷한 작업을 해 보았다. 주제는 마음대로 정하되, 떠오르는 생각을 질문 형태로 써야 한다는 단서를 붙였다. 탐구할 내용을 최대한 구체적으로 정리해 보기 위해서였다. '솜사탕'을 주제로 한 다은이는 "재료는 설탕 말고 무엇이 들어갈까?", "얼릴 수 있을까?", "어른들은 왜 안 먹을까?", "어린이는 어른보다 단맛을 좋아할까?" 등의 질문을 적었다. '폭탄'을 주제로 잡은 태호는 좀처럼 질문을 만들지 못하고 "역사, 최무선, 광산, 전쟁"과 같은 단어를 주로 쓰다가 문득 "불꽃놀이에 쓰이는 폭탄은 정말 위험하지 않을까?" 등의 질문을 적었다. 언젠가 캠핑장에서 형이 불꽃놀이를 했는데 자기는 무서워서 근처에도 가지 않았다는 얘기도 해 주었다.

원리를 이해하는 데서 오는 감동

냉동실에서 꺼낸 얼음은 왜 투명하지 않을까? 얼음 안에 공기가 있기 때문이다. 공기는 왜 들어갈까? 물은 물 분자끼리만 규칙적으로 연결하려는 성질이 있어 얼음으로 얼 때 공기를 끼워 주지 않는다. 냉동실처럼 빠른 시간 안에 얼음이 만들어지는 곳에서는 공기가 바깥으로 나가지 못하고 얼음 사이에 갇히기 때문에 밖에서 볼 때 불투명한 얼음이 된다. 이 말은 그러니까 얼음이 만들어지는 과정에서 공기를 빼면 가정용 냉장고에서도 투명한 얼음을 만들 수 있다는 뜻이다. 수채화풍 그림이 아름다운 과학책 『얼음』에 소개된 내용이다. 실제로 투명 얼음을 만드는 방법이 자세히 나와 있는데, 꽤 까다롭다. 그런데 실험을 마친 독자에게 하는 말이 인상적이다.

"잘되지 않았을 때는 다시 한 번 해 보세요. 물은 천천히 얼리면 반드시 투명한 얼음이 됩니다. 긴 시간과 끈기가 필요하긴 하지만 틀림없이 투명한 얼음을 만들 수가 있습니다."

실험이 잘못되었을 수는 있지만 원리는 변하지 않으므로 '반드시' '틀림없이' 투명한 얼음을 만들 수 있다는 사실을 아는 것. 과학책에서 원리를 공부하는 이유다. 물 분자끼리만 결합하려고 하는 얼음의 외고집으로 인해 색깔 있는 얼음이 만들어지지 않고, 색깔 있는 비가 내리지 않는다. 다른 것을 떠밀어 내는 얼음의 성질이 깊은 바다를 순환하는 커다란 해류를 만들어 낸다. 원리를 줄기로 삼아 빙수부터 바다까지, 지식의 줄기를 이어 갈 수 있다. 여기에 초점을 두고 책을 읽으면 좋다.

『지구를 숨 쉬게 하는 바람』에는 '기압'을 눈으로 확인하게 하는 실험이 있다. 빈 페트병을 가만히 둘 때는 페트병 안팎의 기압이 같다. 그런데 페트병 입구에 입을 대고 공기를 빨아들이면 페트병이 찌부러진다. 페트병 밖의 기압이 높아서 안쪽으로 찌부러지는 것이다. 이렇게 '바람은 높은 기압에서 낮은 기압으로 분다'는 원리를 익힌 뒤에는 바닷바람과 뭍바람, 골바람과 산바람을 이해하게 된다. 『태양이 주는 생명 에너지』는 광합성의 원리와 광합성을 할 수 없는 동물이 에너지를 얻는 원리를 알려 준다. 결국 지구에 사는 모든 생명체가 태양의 에너지를 골고루 나누어 쓴다는 것을 알고 나면 자연과 인간의 고리를 찾게 되고 다른 생명을 소중히 여기는 마음도 기를 수 있다. 그리고 이런 감각이 있어야 지식과 일상을 연결하는 글쓰기도 할 수 있다.

덧붙이고 싶은 이야기가 있다. 어느 여름, 독서교실 어린이들과 이화여자대학교 자연사박물관에 다녀온 적이 있다. 동식물의 다양성을 체감하고 생명의 장구한 역사도 느껴 보았으면 하는 바람에서 준비한 소풍이었다. 가기 전에 동물과 식물 구분하기, 곤충의 특징이며 척추동물과 무척추동물 등 열심히 공부도 했다. 실제로 박물관에서 공부한 것을 찾아보고 나비 박제를 구경하면서 즐거운 시간을 보내긴 했는데, 어린이들이 제일 좋아한 부분은 수족관이 있는 로비였다. 살아 있는 생물을 전시한 작은 코너에 독서교실 어린이들이 옹기종기 모여 물고기를 구경했다. 두 마리가 싸우는지 물결을 일으키며 왔다 갔다 하자 어린이들은 탄성을 질렀다. 돌아와서 쓴 일기에도 물고기 얘기가 가장 많았다. 어린이는 살아 있는 것에 끌린다. 과학책을 읽을 때도 이론에 갇히지 말고 생생한 정보, 느낄 수 있는 정보를 접하도록 돕자.

13
{ 예술책: 감탄하는 연습 }

방학이면 여기저기서 어린이를 위한 '예술 체험장'이 열린다. 음악, 미술, 공예, 전통 예술 영역에서 어린이에게 직접 듣고 보고 만드는 체험을 제공하는 장이다. 학기 중에는 바빠서 접하기 어려웠던 예술을 방학에라도 경험하는 것은 좋지만, 이런 행사는 일회성에 그칠 때가 많고 미술이나 공예처럼 가시적인 결과가 남는 것 중심으로 체험장이 운영되는 것 같아 씁쓸하다.

이 정도의 관심도 그나마 책으로는 잘 이어지지 않아서 어린이 예술책 출판은 그리 활발하지 않다. 예술책 중에는 미술책, 특히 명화와 관련된 책이 많다. 어린이가 좋은 그림을 보는 것이야 당연히 좋은 일이다. 그렇지만 유명한 화가나 그림을 소개하는 데 치우치고, '교양'으로서 알아두어야 한다는 태도로 서술하는 책은 오히려 미술에 흥미를 잃게 한다. 예술은 즐기기 위한 것이지 자랑하기 위한 것이 아니다.

'예술은 쉽다'고 주장하는 책도 독서교실에서는 피하고 있다. 예술을 친근하게 여기는 태도와 쉽게 여기는 태도는 차이가 있다. 예술을 친근하게 여기면 예술을 생활 속에 받아들이고, 생활을 예술로 발전시킬 수 있다. 하지만 쉽게만 여기면 자칫 창작의 과정, 창작자의 자부심과 열정, 집중력을 존중하지 않을 수 있다. 어린이는 예술을 좋아하게 만드는 책을 읽어야 한다. 아름다움을 찾아내는 방법, 감상을 표현하는 방법을 배워야 한다. 감탄을 해 보는 것이 중요하다. 그래야 일상에서도 감탄을 표현할 수 있다.

『명화로 만나는 고운 얼굴 미운 얼굴』은 명화 속 사람들의 표정에 주목한 책이다. 표정이 분명한 그림은 시선을 끄는 힘이 있다. 그림들 속 웃고 울고 화내고 찡그리는 표정을 보는 것도 흥미롭고, 인물의 사연을 추측하는 것도 재미있다. 1학년 어린이들과 이 책을 읽은 뒤에 말풍선 모양 메모지를 나누어 주었다. 그리고 마음에 드는 그림을 골라서, 이 표정을 지은 사람은 무슨 말을 하고 싶을까 생각해서 써 보게 했다. 뭉크의 「절규」가 말풍선을 제일 많이 받았다. "숙제 까먹었어", "배고파", "살려줘"를 붙이며 어린이들이 키득댔다. 에우제니오 잠피기의 「그림책」은 세 아이가 그림책에 푹 빠져 있는 그림인데 "빨리 넘기면 안 돼!"라고 붙인 어린이도 있고, 그중 한 아이 발을 쪼는 병

아리에게 말풍선을 붙인 어린이도 있었다. "삐약삐약. 그렇게 재미있어?"

『모네의 정원에서』는 모네를 좋아하는 리네아라는 아이가 할아버지와 함께 파리의 마르모탕 미술관과 베르농의 클로드 모네 기념관 등을 찾아가는 이야기다. 모네의 그림과 일생을 자세히 알 수 있는데, 특히 그가 정원의 다리를 수없이 그린 일화가 감동적이다. 모네는 인상파 화가답게 햇빛과 계절에 따라 다리 모습이 다르게 보인다는 점을 포착했고, 그것을 그대로 캔버스에 옮겼다. 책에 실린 네 장의 다리 그림 중 마지막 그림은 모네가 백내장 때문에 거의 앞을 볼 수 없었을 때 그린 것으로 윤곽을 알아볼 수 없으며 거의 붉은색이다. 그림이 화가의 생각과 시각을 보여 준다. "저는 그림 같은 거 별로 안 좋아하는데……" 하면서 책을 빌렸던 예진이가 책을 돌려주면서 한 말은 이랬다. "모네는 되게 고집쟁이네요." 나는 예진이가 예술가의 집념과 열정도 함께 느꼈으리라고 믿는다.

2학년 아람이는 어머니 표현대로 "흥이 많은" 어린이다. 글을 쓰다가도 운율이 생기면 그 자리에서 랩 공연을 해야 직성이 풀리고, 쇼핑몰에서 좋아하는 음악이 나오면 엉덩이를 흔들며 춤을 춰서 어머니를 당황하게 만든다. 수업 전에 클래식 음악이나 재즈를 틀어 놓은 날은 또 거기 맞춰서 몸을 움직인다. "이거 노래(가사)는 안 나와요?" 하고 한마디 하면서. 그런 아람이가 악기 소리를 그림으로 표현한 『즐겁게 연주해요!』를 좋아하지 않을 리 없었다. 북소리는 둥글둥글 굵은 선으로, 피콜로 선율은 가느다랗고 가벼운 선으로 그렸다. 여러 악기를 모두 합친 연주 장면은 온갖 색과 선, 도형이 총동원되었다. 내가 어떻게 설명하기도 전에 아람이는 책의 그림을 몸짓으로 따라하며 놀았다.

음악을 그림으로 표현하고 또 감상하는 것은 어렵지만 확실히 즐겁다. 『알록달록 오케스트라』에는 여러 악기가 각자 자신의 음색을 뽐내다가 나중에는 소리가 뒤섞여 엉망이 된 장면이 나온다. 그리고 지휘자가 등장해 연주를 시작하자 조화롭고 균형 잡힌 아름다운 장면으로 바뀌는데 여기서는 약간 희열이 느껴질 정도다. 언젠가 강연에서 『알록달록 오케스트라』를 보여 드리려고 꺼냈더니 앞줄의 한 어머니가 얼굴이 상기되어 말씀하셨다.

"저 이 책 알아요. 제가 아이 낳고 너무 가고 싶은 공연도 못 가고 우울할 때였는데요. 이 책 맨 앞 장에 '오보에가 시작합니다'라고 쓰여 있는 거 보고 펑펑 울었거든요. 이제 아이가 다섯 살인데, 이 책 읽어 주고 있어요. 무슨 말인지는 아마 모를 거예요. 그래도 조금 더 크면 같이 공연장 가려고요."

예술과 그림책과 감동. 우리와 이렇게 가깝다.

14
{ 사회책: 토론 주제 찾기 }

 일본 홋카이도의 항구 도시 하코다테에는 작지만 유명한 아침 시장이 있다. 싱싱한 해물을 파는 상인과 여행객이 북적이는 곳이다. 여행길에 이곳에 들렀다가 손님을 부르는 어린이 목소리에 깜짝 놀랐다. 아침 8시 무렵이었다. 이 시간에 부모님 장사를 거들러 나왔나? 둘러보니 가게마다 어린이가 서 있었다. 동네 초등학교에서 현장 체험을 나온 어린이들이었다. 요식 행위가 아닐까 지켜보았는데 다들 나름대로 열심이었다. 씩씩하게 호객하는 어린이도 있고, 설명을 쑥스러워하는 어린이도 있었지만 모두 진지해 보였다. '1) 자기 고장의 2) 아침 3) 시장에서 4) 손님을 부르고 5) 물건을 설명하고 6) 계산한다.' 아주 좋은 현장 체험 같았다. 동네 아저씨가 아이들에게 "공부가 되겠네!"라고 격려하는 모습이나 체험을 마친 어린이들과 함께 상인들에게 허리 굽혀 인사하는 선생님들 모습도 인상적이었다. 이 어린이들은 정말로 '사회'를 배웠을 거라는 생각이 들었다.

어린이에게 사회 공부가 필요한 이유는 뭘까? 나는 이웃과 생활을 이해하는 것이 제일 큰 이유라고 본다. 자신이 속한 공동체, 즉 가족과 이웃, 나라, 나아가 인류를 알고자, 세상의 모습을 보고자, 사람들의 일과 생활을 이해하고 문화와 개인이 다양함을 배우고자 사회책을 읽는다. 사회책은 범위가 넓고 주제도 다양하다. 그만큼 재미있게 읽을 수 있다. 교과 연계에 얽매이거나 학습서에만 머물기에는 너무 아깝다.

독서교실에서 사회책을 읽는 중요한 목적이 또 하나 있다. 토론할 거리를 찾는 것이다. 아직 지식이 충분하지 않은 어린이가 섣불리 찬반 토론에 나선다면 이기는 데만 집착하게 되는 역효과를 낳는다. 꼭 필요한 경우가 아니면 어린이와 하는 토론은 찬성과 반대를 나누기보다 각각 의견을 말하는 토의 형태가 좋다(찬반 토론을 할 때는 한 차례 진행한 뒤 서로 입장을 바꾸어 한 번 더 토론한다). 사회책을 읽으면서 책과 비슷하거나 다른 내 생각을 말해 보고, 자신이 말하고 싶은 주제 그리고 다른 사람의 의견을 듣고 싶은 주제를 찾는 것이다.

이웃과 사회를 이해한다

독서교실 옆에 새 건물이 들어서느라 시끄러운 공사가 이어진 적이 있다. 나는 좀 걱정이었지만 어린이들은 올 때마다 건물이 조금씩 완성되는 과정을 재미있게 보았다. 그때 함께 읽은 책이 『누가 집을 지을까?』다. 집을 짓는 일에는 어떤 직업을 가진 사람들이 함께할까? 책을 읽기 전에 어린이들은 설계도 그리는 사람, 공사하는 사람, 페인트칠하는 사람 정도를 짐작했다. 책에 소개된 건설 현장에는 건축가, 현장소장, 공사장 인부, 배관 기술자, 타일 기술자, 인테리어 디자이너, 조경사까지 다양한 사람들이 일하고 있었다. 우리가 평소 보는 것은 완성된 건물이지만 그 뒤에는 이렇게 많은 사람이 일하고 있다. 건축에 국한된 얘기가 아니다. 독서교실 어린이들에게 한 권의 책이 우리 손에 들어오기까지 누구누구의 손을 거치는지 설명하면 (작가, 화가, 편집자, 디자이너, 제작자, 운송업자, 영업자, 판매자 등) 대부분 그렇게 많은 사람이 책 만드는 일에 관여하는 데 놀란다. 물건을 만들고 파는 일, 서비스를 제공하는 일, 연구하는 일 등 '보이지 않는' 사람 덕분에 사회가 운영되고 있다는 것을 어린이에게 알려 주자.

직업을 소개하는 책은 의외로 많다. 어린이가 생활 속에서 '어른의 일'을 자세히 알 기회가 많지 않으니 책으로라도 소개하면 좋겠는데, 진로 결정을 독촉하는 사회 분위기에 편승하는 것은 아닌가 걱정도 든다. 6학년 유미는 "진로는 언제까지 정해야 되는 거예요?" 하며 걱정이다. 아직 시간이 많으니 천천히 결정해도 된다고 말해도 유미의 걱정은 줄지 않는다. 유미에게는 자기계발서에 가까운 직업 소개 책보다는 숨어 있는 여러 직업을 소개하는『직업 옆에 직업 옆에 직업』이나 노동의 가치를 알려 주는 사계절 출판사의 '일과 사람' 시리즈를 권하고 있다.

『어슬렁어슬렁 동네 관찰기』는 동네와 이웃에 대한 흥미로운 보고서다. 화가인 화자가 동네를 한 바퀴 돌면서 집집마다 대문은 어떻게 생겼는지, 계단과 옥상은 어떤지, 학교 앞 떡볶이 집에서는 무얼 파는지, 골목에서는 무슨 소리가 나는지 꼼꼼하게 기록했다. 이웃의 일상을 살펴보는 모습이 정겹다. 무엇이든 관찰과 탐구 대상이 될 수 있음을 보여 주는 점도 좋다. 3학년 수연이가 이 책을 빌려서 어머니랑 같이 보았다는데, 어머니가 더 좋아하셨단다. 모녀가 함께 문방구에 가서 각자 스케치북을 장만했다는 반가운 소식도 들었다.

사회책을 읽다가 어려운 개념을 만난 경우, 생활에 활용해 보면 도움이 된다. 국가 운영 전반에 대한 지식을 담은『내가 나라를 만든다면?』을 읽고 6학년 지우는 '음표리아'라는 나라를 만들었다. 수도는 '도시'. 군주제 국가고, A4 용지 반만 한 땅을 갖고 있다. 인구는 사람 두 명과 개 두

마리, 건국이념은 '음악을 아름답게 연주하자'다. 국기는 오선지를 본떠 그렸다. 주요 수출품이 오선지라고 한다. 『레몬으로 돈 버는 법』을 읽고 경제 용어를 배운 3학년 어린이들에게는 사업 계획서 만들기를 제안했다. 어떤 물건이나 서비스를 판매할지, 초기 자본금은 어떻게 마련할지, 어떻게 광고하고 수익을 낼지 등을 계획해 보는 것이다. 현우는 아기를 좋아하니까 시간제로 아기 봐주는 일을 하기로 했다. 자본금이 들지 않아서 좋을 것 같단다. 그런데 아파트에 전단지를 붙이고 싶다는 현우에게 광고비가 든다고 했더니 깜짝 놀랐다.

"그럼 저희 아파트 1층에 있는 광고도 다 돈 내고 하는 거예요?"

"그럼."

"근데 아무도 안 보면 어떡해요? 돈만 날리잖아요."

"그러니까 잘 계획을 해야지. 돈 날리지 않게. 걱정되면 아예 광고를 안 해야겠지?"

"와, 어렵다."

그런 말을 하면서도 현우 표정은 어딘가 신나 있었다.

토론 주제를 찾는다

대학 진학 시험을 앞둔 수험생이 우연히 운동장에 떨어진 종이 한 장을 주웠다. 바로 오늘 치를 시험의 문제지였다. 학생은 문제지를 신고하지 않고 답을 외워서 시험을 치렀다가 뒤늦게 이 사실이 밝혀져 판사 앞에 서게 되었다. 학생은 유죄일까, 무죄일까? 실제 있었던 일은 아니고 『너구리 판사 퐁퐁이』에 나오는 에피소드 중 하나다. 너구리 판사는 이 학생(사슴)에게 무죄를 선고한다. 시험을 앞둔 학생은 문제지를 돌려줄 수 없는 상태라고 인정했기 때문이다. 사슴은 죄책감에 스스로 이번 입학을 포기하고 내년에 다시 시험을 보기로 한다. 그런데 책을 읽은 어린이들의 원성이 대단했다. 아무리 봐도 사슴이 유죄라는 것이다.

"사슴도 그게 죄라는 걸 알았잖아요. 자기도 아는데 어떻게 판사가 몰라요?"

"학생이면 시험을 공정하게 쳐야 된다는 것도 배웠을 텐데, 배운 대로 안 했어요."

"만일 다른 학생들도 똑같이 시험지를 주웠으면 어떡해요? 다 무죄예요?"

내가 너구리 판사의 말을 빌려 '면책 사유'가 있다고, 즉 잘못은 있지만 책임은 없는 경우라고 설명해도 소용없었다. 법이라는 것이 모든 사람을 설득할 수 없다는 사실에 자극받은 어린이들은 새로운 논리를 만들어 보려고 한참 동안 애썼다. 법적으로는 어떨지 몰라도, 진지함으로는 거의 만점이었다.

사회책은 세상의 일을 다루는 까닭에 언제든지 불쑥 토론 주제가 떠오를 수 있다. 부모나 교사가 제안해도 좋고, 어린이 스스로 토론거리를 찾는 것도 좋다. 답을 내기 어려운 문제여도 상관없다. 어떤 토론은 주제를 떠올리는 것만으로도 공부가 되니까.

『사람과 세상을 잇는 다리』는 다리의 발달사를 다룬 책이다. 자연의 장애를 극복하고 문명을 전파하고 사람의 삶을 편리하게 해 준 다리의 이모저모를 설명한다. 마지막 부분에는 "앞으로는 누구나 다리를 건너 온 세상을 만날 수 있을 거야"라는 말과 함께 대서양을 횡단하는 다리 그림이 그려져 있다. 그런데 책을 읽은 세준이가 문제를 제기했다.

"저는 이런 다리가 안 생겼으면 좋겠어요. 이렇게 사람들이 다니면 쓰레기가 많이 버려질 것 같아요."

일리 있는 말이었다. 그런데 다은이는 생각이 달랐다.

"다리가 저만큼 갈 수 있을 정도면, 쓰레기를 잘 처리하는 방법도 발명될 것 같아요."

"쓰레기도 그만큼 많아질 텐데?" (세준)

"그래도 사람들이 편리해지면 좋잖아. 할 수 있는 일이 더 많아지고. 이 책에도 그렇게 나왔잖아." (다은)

세준이 말대로 개발을 경계해야 할까, 아니면 다은이처럼 인류의 미래를 낙관해도 좋을까? 방정환 선생의 말을 빌리면 어린이는 우리보다 한 세대 앞선 사람이다. 미래를 만들어 가도록 지원하는 일만이 어른의 몫인지도 모른다. 좋은 책을 권하고 잘 읽도록 거드는 것도 그 지원 중 하나일 것이다.

{ 정리하기 }

독서 후 활동

"저희 아이는 책은 좋아하는데 독서록 쓰기는 너무 싫어해요. 어떻게 해야 될까요?"

부모님께 이런 질문을 받을 때면 늘 내 얘기를 해 드린다.

"저도 책은 좋아하는데 독서록 쓰기는 싫어합니다."

부모 세대의 어린 시절에는 '독서록'이라는 말 자체가 없었다. 방학이나 특별한 행사가 있을 때 어쩌다 숙제로 쓰는 독후감도 싫어했던 것을 기억하는 어른이 많을 것이다. 그런 독후감으로 공책 한 권을 채운다고 상상해 보면 어린이에게 독서록이 어떤 존재인지 짐작할 수 있을 것이다. 어떤 학교에서는 학생에게 독서록을 나누어 주기도 한다. 주인공 인터뷰, 책 광고, 편지 쓰기 등 몇 가지 형식에 맞춰 인쇄된 공책을 채워서 제출하라고 한다. 독서록 쓰기를 도우려는 의도이겠지만 그렇게 큰 도움은 되지 않는다. 형식에 맞추는 것을 부담스러워하는 어린이도 있고, 반대로 형식에 맞추어 건성으로 채우는 어린이도 있다. 이쯤 되면 생각해 봐야 한다. 왜 이렇게까지 하면서 독서록을 써야 할까?

나는 '독서감상문'은 중요하다고 생각한다. 책은 읽는 것만으로도 좋지만, 책에서 얻은 지식이나 생각, 소감을 독서감상문으로 정리하면 감상이 더 세밀해지고 풍요로워진다. 그런데 독서감상문을 잘 쓰려면 여러 단계를 거쳐야 한다. 책의 내용을 파악하는 것은 물론이고 중심 생각(주제)을 찾고, 자신의 경험과 생각에 비추어 책을 비평할 수 있어야 한다. 시간과 노력이 필요한 한편, 별다른 감흥이 없던 책으로는 이 과정을 거치기 어렵다. 그러니 일주일에 두세 번 억지로 독서록을 채우는 것보다 한 달에 한 번이라도 제대로 된 독서감상문을 쓰는 쪽이 좋은 독후 활동이다. 이마저도 어린이가 힘들어하면 꼭 하지 않아도 된다. 어른의 독서와 마찬가지로 어린이의 독서도 읽기 자체가 목적이다. 기록이 아니라.

그래도 책을 읽은 기록을 꼭 남기고 싶다면 '목록 만들기'가 더 좋다. 일련번호와 읽은 날짜, 책 제목을 쓰고 딱 한 줄로 소감을 정리한다. 쪽수나 출판사 등은 물론이고 지은이 이름도 과감하게 생략해도 된다. 한 줄 쓰기도 부담스럽다면 별점으로 평가를 남기는 방법도 좋다. 아람이는 별 다섯 개를 만점으로 정해 놓고, "『내 이름은 삐삐 롱스타킹』은 어쩔 수 없이 이십 개를 줬어요"라고 했다. 이런 변칙도 얼마든지 환영이다. 번호와 날짜는 독서를 지속하고 있음을 스스로 확인하게 하고 앞으로도 이어 갈 수 있도록 돕는 장치다. 그나마도 부담스러워하면 역시 안 써도 된다.

독서 수업을 위한 활동지도 마찬가지다. 단순한 사실을 묻고 답하는 것, '느낌'을 물어보면서 사실은 책의 교훈을 되새기도록 유도하는 질문은 지양하는 편이 좋다. 또 모든 질문에 답을 쓰게 할 필요도 없다. 어린이는 재미있었던 책에 대해 얘기할 때는 신이 나서 몇 분이고 얘기하지만, 글로 쓰라고 하면 대부분 최대한 줄여서 적는다. 쓰는 것이 싫어서다. 독서교실 활동지에는 말로만 답하면 되는 질문이 대부분이다. 생각과 느낌을 조리 있게 말하는 것이 어느 정도 연습이 되면 말한 내용을 그대로 적게 한다. 그럴 때도 말로만 답하면 되는 질문이 더 많다. 물론 말은 잊히기 쉽다. 하지만 글로 쓴다 해도 다시 보는 일은 거의 없다.

*

히가시 지카라의 『집으로 가는 길』은 짧은 이야기책이다. 하늘이는 학교 수업이 끝나고 집으로 가는 길에 하얀 선만 밟고 가기로 한다. 도로 가에 그려진 하얀 선이 문득 눈에 띄었기 때문이다. 잠자리며 가재를 보면 놀고 싶지만 오늘은 결심한 게 있으니 흰 선을 벗어나지 않는다. 횡단보도를 건널 때면 검은 부분이 낭떠러지가 된다. 하늘이는 힘차게 뛰어서 전진한다. 공사 구간에서는 길을 막은 빨간 고깔의 흰 부분을 짚으며 살금살금 지나가고, 큰 개가 버티는 곳에서는 작은 개의 도움을 받기도 한다. 기분 좋게 집에 오던 하늘이는 집을 코앞에 두고 낙담한다. 하얀 선이 뚝 끊겨 있었다. 그때 마침 흰 옷을 입은 엄마가 지나간다. 하늘이는 엄마 등에 폴짝 뛰어올라 집으로 온다.

이 책은 별것 아닌 놀이에 푹 빠지는 어린이 이야기이기도 하고, 난관에 부딪힌 아이에게 다리가 되어 주는 어른의 이야기이기도 하다. 공사 중인 구간이나 큰 개를 만났을 때처럼 어떻게든 '되는 쪽'으로 문제를 이해하고 방법을 찾아보는 아이의 이야기여서 좋다. 이 책은 하얀 선처럼 분명한 길을 따라갈 때보다 어려움을 맞닥뜨린 구간에서 힘이 생긴다는 것을 기억하자는 뜻에서 소개했다. 정말 막힌 구간에서 좌절했을 때 도움을 주는 것이 어른의 몫이다. 그러고 보면 애초에 하얀 길을 발견한 것도 하늘이었다.

나는 어린이가 어떤 길로 가든지 책을 들고 가면 좋겠다. 책만 보면서 가다가는 넘어지기 십상이지만 너무 재미있는 책을 읽을 때면 그것도 괜찮겠다. 책을 옆구리에 끼고 걷다가 쉬면서 읽어도 좋다. 때로는 손에 책이 있다는 걸 잊고 있다가 문득 떠올라서 펼쳐 보아도 좋다. 중요한 것은 언제나 독자인 채로 자라는 것이다. 어린이가 책 읽기를 배우는 것은 어떤 모습으로든 평생 독자가 되기 위함이다. 그러니 어린이도, 어린이를 돕는 어른도 눈을 멀리 두되 마음은 단단히 먹자. 다행히도 우리를 도와줄 어린이책은 친절하고 재미있다.

이 책에 소개한 책 말고도 좋은 어린이책은 정말 많다. 여기 덧붙여 소개하는 책들은 그중에서도 '읽기 전략'에 따라 연습하듯 읽어 보면 좋을 책, 따로 갈래를 나누어 설명하지 못한 만화책과 놀이책 등이다. 동시집은 본문에서 소개한 것이 부족해 좀 더 자세히 설명했다.

캘빈의 마술쇼 크리스 반 알스버그 글, 서애경 옮김, 사계절 / 그림책

늘 동생을 놀리고 귀찮게 여기던 캘빈은 마술쇼에서 최면술을 보고 푹 빠진다. 그래서 친구와 함께 기계를 만들어 동생 트루디를 상대로 최면술 실험을 해 본다. 시작은 장난이었지만, 트루디가 정말로 개처럼 행동하면서 캘빈은 고생스러운 하루를 보내게 된다. 그런데 트루디 입장에서도 그랬을까? 반전이 있어서 이야기를 두 번 읽게 하는 그림책이다. 작가의 속임수가 무엇인지, 왜 그런 속임수를 썼을지 생각해 봐도 좋겠다.

꼬마 너구리 삼총사 이반디 글, 홍선주 그림, 창비 / 동화책

동화를 읽고 줄거리를 정리해 보는 연습은 일단 작은 이야기부터 시작하면 좋다. 이 책에는 세 너구리가 마을 안팎을 누비며 겪는 모험 세 편이 실려 있다. 사건마다 '발단-전개-위기-절정-결말' 구조가 분명해서 이야기를 따라가기도, 기억하기도 쉽다. 또 귀여운 너구리 그림이 이야기의 분위기를 잘 그려 낸 것도 장점이다. 내가

편집한 책을 추천할 때는 (작가와 화가 들에게 미안하지만) 몇 번을
다시 생각해 보곤 하는데, 그래도 역시 추천할 만한 책이다.

만복이네 떡집 김리리 글, 이승현 그림, 비룡소 / 동화책

말과 행동이 거칠어 친구가 없는 만복이가 이상한 떡집 덕분에
친구 사귀는 방법을 알게 되는 이야기다. 이렇게 쓰고 보면 무척
단순한 이야기인데, 많은 어린이가 이 책을 반복해서 읽는다.
만복이의 문제가 해결될 줄은 알고 있지만, 입을 딱 달라붙게
하는 찹쌀떡이나 좋은 말을 하게 하는 꿀떡 등 어떤 떡이 어떻게
활약할지 기대하고 확인하는 것이 즐겁기 때문이다. 결말에는 떡집
간판이 '장군이네 떡집'이라고 내걸린다. 장군이는 만복이네 반
심술쟁이다. 만복이 이야기를 참고해서 장군이에게 일어날 일을
짐작해 보는 것도 재미있다.

안녕, 캐러멜! 곤살로 모우레 글, 페르난도 마르틴 고도이 그림, 배상희 옮김, 주니어김영사 / 동화책

사막의 난민 캠프에서 태어난 소년 코리는 소리를 듣지 못한다.
코리는 사람들의 입술 모양을 읽듯이 낙타 캐러멜의 입술을 읽어
시를 쓴다. 어느 날 캐러멜이 마을의 제물로 바쳐질 것을 안 코리는
캐러멜과 함께 도망치기로 결심한다. 해피엔딩을 기대하는 어린이
독자에게는 미안하게도 이들의 도주는 실패로 끝난다. 서정적이지만
비극적인 작품이라 어린이에게 권하면서도 내심 걱정했는데
독서교실의 몇 어린이가 이 책을 "인생의 책"으로 꼽았다. 코리가 쓴

시를 모티프로 시를 써 보거나, 낙타인 캐러멜의 입장에서 이야기를 다시 써 보면 책 속의 인물과 공감하는 데 도움이 된다.

천사를 미워해도 되나요? 최나미 글, 홍정선 그림, 한겨레아이들 / 동화책

보통 동화에서는 조연으로 등장할 인물을 주인공으로 내세우고, 불편할 수도 있는 주제도 솔직하게 다룬 단편동화집이다. 표제작 「천사를 미워해도 되나요?」의 주인공은 지각도 하고 가끔 선생님한테 말대꾸도 하고 친구랑 다투기도 하는 보통 어린이다. 그런데 '천사표' 친구 때문에 상대적으로 게으르고 나쁜 아이가 되는 곤경에 처한다. 「양팔 저울」은 산동네 철거 지역 아이들과 아파트 아이들의 갈등을 그렸다. 배려와 화합을 강조하는 담임교사 때문에 오히려 어린이들 사이가 불편해진다는 이야기다. 작가는 착하지 않아도 된다고, 용감해지지 않아도 된다, 잘하지 않아도 된다고 독자를 위로하는 것 같다.

플레이 볼 이현 글, 최민호 그림, 한겨레아이들 / 동화책

야구팬인 엄마 덕분에 태어나기 전부터 야구장을 드나든 동구의 꿈은 당연히 야구 선수다. 그런데 동구는 6학년이다. 야구 선수가 되는 것이 '꿈'인지 '진로'인지 결정해야 한다. 작가는 어린이의 열정을 귀엽거나 허황된 것으로 그리지 않았다. 동구가 대진표를 복사해서 방에 붙이는 장면, 졌기 때문에 못 나가는 다음 경기를 보기 위해 버스를 여러 번 갈아타고 경기장을 찾아가는 장면 등은 주인공의 마음을 대사가 아니라 행동으로 표현한 멋진 대목이다.

동구를 비롯해 여러 등장인물이 제각각 다른 마음과 생각을 갖고 있다. 그것이 행동으로 표현된 부분을 더 찾아보자.

귀뚜라미와 나와 권태웅 외 글, 최미숙 그림, 겨레아동문학연구회 엮음, 보리 / 동시집

쉬운 말, 색다른 어감, 외우기 좋은 운율. 좋은 동시의 조건을 두루 갖춘 동시가 이 책에 가득하다. 모두 1920-1940년대 쓰인 시들이라는 걸 생각하면, 요즘 동시 쓰는 분들은 참 어렵겠다는 안타까움이 들 정도다. 소박한 흑백 그림도 시를 방해하지 않아서 좋다. 마음에 드는 시를 골라서 외워 보자. 어른이 먼저 암송하자. 부끄러우면 혼자서 해 봐도 된다. 깜짝 놀랄 만큼 기분이 좋아진다.

생각하는 감자 박승우 글, 김정은 그림, 창비 / 동시집

이 책의 동시는 대부분 동식물을 의인화한 것이다. 9편의 '염소' 연작시와 14편의 '생각하는 감자' 연작시를 비롯해 소, 고라니, 농게, 다람쥐 등을 주인공으로 한 시들이 재미있다. 동화에서 그렇듯이 의인화는 세태를 풍자하는 좋은 도구다. 어린이의 생활부터 환경 문제까지 생각해 볼 문제들을 짚으면서도 유머를 잃지 않은 점이 좋다. 독서교실에서 가장 인기 있는 시는 소금쟁이가 물에 뜨게 된 사연을 그럴듯하게 들려주는 「소금쟁이 이야기」다. 그의 말을 어디까지 믿어야 할까? 그것도 대화 주제다.

산딸기 크림봉봉 에밀리 젠킨스 글, 소피 블래콜 그림, 길상효 옮김, 씨드북 / 역사책

산딸기 크림봉봉은 으깬 산딸기와 설탕, 푹신한 크림을 섞어 차갑게 먹는 디저트. 이 책은 수세기에 걸쳐 산딸기 크림봉봉을 만드는 모습이 어떻게 변화했는지 보여 주는 생활 문화사 그림책이다. 300년 전 엄마와 딸이 덤불을 헤쳐 산딸기를 따는 장면으로 시작해 100년 간격으로 요리하는 사람, 사용하는 도구, 부엌 풍경이 달라지는 모습을 정감 있게 그렸다. 남자만 앉던 식탁, 백인만 앉던 식탁, 요리한 여성을 포함해 가족이 앉던 식탁에 이제는 여러 인종의 친구가 모여 앉는다. 현대의 산딸기 크림봉봉은 아빠와 아들이 만든다. 사람과 문화에 대한 작가의 애정이 느껴지는 책이다.

국립중앙박물관에는 어떤 보물이 있을까? 이한상 글, 오정택 그림, 토토북 / 역사책

친절한 생활 문화재 학교 이재정 글, 신명환 그림, 길벗어린이 / 역사책

유물을 잘 볼 줄 알면 역사를 공부하는 감각이 깨어난다. 『국립중앙박물관에는 어떤 보물이 있을까?』는 국립중앙박물관의 대표 유물을 시대에 따라 소개하는 책이다. 저자는 고고학자인 자신의 경험을 녹여 유물에 얽힌 역사 사실뿐 아니라 발굴 과정의 재미난 에피소드도 들려준다. 사진이 큼직하고 일러스트가 아름다워서 보는 즐거움이 크다. 잡다한 정보를 적절히 처리한 편집과 세련된 디자인이 돋보인다. 『친절한 생활 문화재 학교』는 좀 더 친근하게 생활사에 접근한다. 옛사람의 의식주에 쓰인 자잘한 살림살이를 제목대로 친절하게 설명했다. 유물 사진과 그림을 합성해서 생활 문화재의 쓰임새를 보여 주는 것도 재미있다.

동물은 뼈부터 다르다고요? 노정임 글, 안경자 그림, 현암주니어 / 과학책

척추동물과 무척추동물의 비슷한 점과 다른 점을 알려 주는 지식
그림책이다. 척추가 무엇인지부터 시작해 각 범주 동물들의 서로
다른 성장 과정, 전 세계 동물의 약 2퍼센트만이 척추동물이라는
흥미로운 사실 등이 담겨 있다. 또 지구상 다양한 동물을 진화
순서에 따라, 먹이에 따라, 체온 변화 여부에 따라 분류할 수 있다는
점도 가르쳐 준다. 이런 지식이 당장 어린이의 과학 성적에 큰
도움이 되지는 않을 것이다. 그러나 독자는 지식을 범주화하는 방법,
즉 '과학적으로 생각하는 방법'을 배울 수 있다. 정보가 차고 넘치는
시대의 어린이에게 꼭 필요한 사고 능력이다.

도구와 기계의 원리 Now 데이비드 맥컬레이 외 글·그림, 박영재 외 옮김, 크래들
/ 과학책

"모든 기계는 과학 법칙에 따라 특정한 원리를 가지고 움직인다."
첫 문장이 이렇게 단호하다. 이 책은 그 특정한 원리를 설명하고
거기에 따라 움직이는 다양한 기계를 그림으로 보여 준다. 자물쇠,
스테이플러처럼 작은 기계를 확대한 단면을 보는 것도 재미있고,
트럼펫과 바이올린 등 '기계'라고 생각하지 못했던 많은 사물의 작동
원리를 배우는 것도 좋다. 1988년 출간된 『도구와 기계의 원리』
개정판으로, 스마트폰 등 최신 기계 정보를 보강했다. 글과 그림
모두 집요하다 싶을 만큼 세밀하면서도 시종 유머를 잃지 않아서
책을 읽다 보면 이 작가야말로 천재가 아닐까 생각하게 된다. 작가는
『고딕성당』, 『성』(한길사) 등 웅대한 건축물을 소재로 한 그림책으로도
유명하다. 그런데 사실 나는 그의 책들 중에서 건축물 보수공

할아버지와 작은 비둘기의 우정을 그린 그림책 『안젤로』(북뱅크)를
가장 좋아한다.

꿈의 화가, 르네 마그리트 클라스 베르플랑케 글·그림, 주니어RHK / 예술책

그림을 그리는 방법은 알지만 무엇을 그려야 할지 몰라 잠을
설치던 르네는 꿈속에서 화가가 된다. 꿈에서는 달걀을 그리면 새가
되고, 발을 그리면 신발이 된다. 그렇게 불가능한 것을 그림으로
그리면 익숙한 것이 낯설어 보인다. 그것이 르네 그림의 멋진
점이다. 르네 마그리트라는 초현실주의 화가의 작품 세계를 이렇게
간결하게 설명하기 위해 그림책 작가가 얼마나 많이 공부했을까
싶다. 나는 오랫동안 르네 마그리트의 그림을 좋아해 왔는데
그 이유를 이 책을 읽고서야 알았다. 나는 그가 꿈속에서 그림을
그리는 마음을 좋아하는 것이다. 그 사실을 깨닫고 나자 마음속에
작은 감동이 일었다. 좋은 예술책은 예술을 더 좋아하게 만든다.

음악의 모든 것 알리키 브란덴베르크 글·그림, 조효임 옮김, 미래아이 / 예술책

리듬, 가락, 음색, 음량 등 음악을 이해하기 위한 개념부터
오케스트라, 음악에 맞춰 추는 춤, 음악의 발달사, 세계 전통
음악 등을 담은 그야말로 음악의 백과사전이다. 그런데 설명을
풀어 가는 방식이 시적이라고 해도 좋을 만큼 간결하다. "(악보에는)
심지어 한 순간의 침묵까지도 묘사되어 있어요"라든가, 연주회의
박수갈채를 "꼭 파도가 부서지는 소리 같아요"라고 표현한 대목이
그렇다. 음악에 대한 지식을 전할 뿐 아니라 호감을 일으킨다는 것도

이 책의 미덕이다. 음악은 어디에나 있고, 모두를 위한 것이라는 설명은 음악에 문외한인 사람도 마음을 열게 만든다. 그러니 지금 음악에 관심이 없다고 해도 집에 갖춰 두기를 권한다.

지구촌 문화 여행 알렉산드라 미지엘린스카·다니엘 미지엘린스키 글·그림, 이지원 옮김, 그린북 / 사회책

한눈에 펼쳐보는 우리나라 지도 그림책 민병준 글, 최선웅 지도, 구연산 그림, 진선아이 / 사회책

독서교실 칠판에서 제일 가까운 자리에는 늘 국어사전과 지도책들이 있다. 단어 뜻을 알기 위해 사전을 찾아보듯이 수업 중에 낯선 지명 얘기가 나오면 곧장 찾아보기 위해서다. 지도책을 볼 때는 먼저 전도에서 해당 지역을 찾아 독서교실과의 거리를 가늠해 본 다음 그 지역의 지리적, 문화적 특징을 찾아본다. 이렇게 쓰고 보니 딱딱한 공부 같은데, 실제로는 그렇지 않다. 지도책을 볼 때면 어린이들은 각자 아는 지식을 총동원하여 가 본 곳, 가 보고 싶은 곳, 텔레비전에서 본 곳 등 이야기를 쏟아 낸다. 『지구촌 문화 여행』은 각 나라의 문화와 풍습을 꼼꼼하게 담은 지도책이다. 대한민국의 포장마차와 송광사까지 그려 넣은 걸 보면 작가들의 취재 또는 연구 과정이 궁금해질 정도다. 『한눈에 펼쳐보는 우리나라 지도 그림책』은 그에 비해 조금 건조한 책이다. 대신 우리나라 각 지역의 지리적 특징과 문화재, 특산물 등이 보기 좋게 정리되어 있어서 효율적으로 공부할 수 있다. 지역마다 간단한 퀴즈가 붙어 있다.

빨간 날이 제일 좋아! 김종렬 글, 이경석 그림, 비룡소 / 사회책

공휴일은 물론이고 주요 기념일, 명절과 주요 절기를 알려
주는 책이다. 독서교실에서는 새로운 달을 시작할 때나 명절을
앞두고 한 번씩 이 책을 펼친다. 특히 24절기를 소개한 부분을
자주 본다. 곡우 무렵 촉촉이 봄비가 내리는 것처럼 실제 계절의
변화가 절기와 딱 맞아떨어지는 경험을 종종 하기 때문이다.
그럴 때 농사짓던 조상들의 생활 감각을 배우게 된다. 4·19혁명
기념일, 5·18광주민주화운동 기념일 등에는 자연스럽게 현대사를
공부하기도 한다. '성년의 날'에 세계의 독특한 성년식을 소개하거나
'사회 복지의 날'에 다른 나라의 복지 제도를 알아보는 점도 좋다.
만화 형식의 삽화도 어린이가 아주 좋아한다.

안녕, 전우치? 하민석 글·그림, 보리 / 만화책

석이가 이사 간 동네에는 비밀에 싸인 오래된 집이 있는데, 거기에
전우치가 살고 있다. 그림 속 학을 불러내 타고 다니고 호랑이를
고양이 다루듯 하는 전우치를 석이가 좋아하지 않을 리 없다.
독자도 그렇다. 화려한 도술에만 의지하지 않고 이야기를 탄탄하게
끌어가는 점, 전우치뿐 아니라 석이의 활약도 만만치 않다는 점이
좋다. 장면 전환이 과감해서 책장이 빨리 넘어간다. 크기에 비해
책이 가벼운 것도 장점이다. 어디서 어떤 자세로 읽어도 손에 착
붙는 느낌이다.

박떡배와 오성과 한음   박수동 글·그림, 산하 / 만화책

분명히 훈장님이 계시고 학동들이 있는데, 텔레비전도 있고
여름방학도 있다. 이런 설정이 전혀 어색하지 않은 것은 만화가의
독특한 그림과 천연덕스러운 이야기 덕분이다. 책을 처음 들춰 보는
어린이들은 흑백 그림에 글자도 많은 것 같아 망설이기도 하는데
한두 에피소드만 읽어도 금방 재미를 느끼니 자신 있게 권해도
된다. 오성과 한음은 물론이고 박떡배, 김또백, 훈장님 어머니 등
등장인물이 모두 공들여 만들어졌다. 가족이 서로 돌려 가며 읽어도
좋을 만화책이다.

쾌걸 조로리 시리즈   하라 유타카 글·그림, 신은주 외 옮김, 을파소 / 만화책

"하늘에 계신 엄마, 지켜봐 주세요. 장난의 왕이 되기 전에는
돌아오지 않겠어요"를 노래하며 못된 짓을 일삼기 위해 '장난
수련'을 떠난 조로리의 바보 같고 귀여운 이야기다. 만화와 이야기가
합쳐진 형태에 미로 찾기 등 놀 거리까지 포함되어 있다. 소리
내어 웃게 되는 책이라 책 읽는 즐거움을 몸으로 느끼게 하는
장점이 있다. 순서와 상관없이 제목을 보고 골라 읽어도 된다. 다만
낙서하면서 읽어야 더 재미있는 책이므로 빌려서 읽으라고 하지
말고 한두 권이라도 꼭 사 주기를 권한다.

꼬마애벌레 말캉이   황경택 글·그림, 소나무 / 만화책

이제 막 알에서 깨어난 애벌레 말캉이가 숲의 벌레며 나무 들에게
궁금한 것을 물어 가며 성장하는 이야기. 각 에피소드가 위에서

아래로 이어지는 네 컷 만화로 진행되는 점이 고전적이기도 하고, 웹툰을 연상시키기도 한다. 부제 '궁금한 건 못 참아!', '심심한 건 더 못 참아!'가 말캉이의 성격을 말해 준다. 뻔뻔할 정도로 솔직한 말캉이는 물론 어린이의 대변자다. 생태 지식뿐 아니라 자연과 삶에 대한 만화가의 철학도 배울 수 있다. 말캉이는 자라서 무엇이 될까? 결말도 예상치 못한 깨달음을 준다.

프랑스 논리 선생님 베르나르의 어린이 논리 퀴즈 베르나르 마이어 글, 박언주 옮김, 한울림어린이 / 놀이책

과학자처럼 생각하고 실험하는 과학 놀이 런던 과학 박물관 글, 해리엇 러셀 그림, 현종오 옮김, 사파리 / 놀이책

오려봐, 정말 재미있는 종이 오리기 이시카와 마리코 글, 함인순 옮김, 미세기 / 놀이책

종이로 만드는 자동차의 역사 사이먼 햅틴스톨 글, 서기운 옮김, 한스미디어 / 놀이책

서점에 가면 유아를 위한 그리기, 오리기, 만들기 등 '놀이책'은 많은데, 초등학생이 놀이를 위해 볼 만한 책은 찾기가 어렵다. 나는 어린이가 스마트폰 게임을 좋아하는 것이 당연하고 어쩔 수 없는 일이라고 생각하지만, 책이 주는 '오락'도 느껴 봤으면 한다. 지적인 게임도 좋고, 취미 활동을 돕는 것도 좋다. 가지고 놀 수 있는 책을 어린이에게 선물하자. 『프랑스 논리 선생님 베르나르의 어린이 논리 퀴즈』는 머리를 써서 푸는 퀴즈를 좋아하는 어린이라면 시간 가는 줄 모르고 빠져들 만한 책이다. 몇 개의 단서로 답을 추론하는 퀴즈와 미로 찾기, 다른 그림 찾기 등 어른이 풀기에도 간단치 않은 문제들이 실려 있다. 『과학자처럼 생각하고 실험하는 과학 놀이』는 과학책으로도, 놀이책으로도 분류될 수 있다. 직선을 걸으면서, 달리면서, 점프하면서 그려 보거나 요가 동작을 따라하고 난이도를 기록하면서 '힘과 운동'을 몸으로 익히는 식이다. 독서교실 어린이들은 이 책을 처음 보고 말 그대로 탄성을 내질렀다.

『오려봐, 정말 재미있는 종이 오리기』는 색종이를 접어 도안을 그리고 오리고 붙여 작품 만드는 법을 알려 준다. 자잘한 물건 만들기를 좋아하는 어린이, 세밀한 부분을 오리면서 집중력을 발휘하고 거기서 즐거움을 느끼는 어린이에게 권하는 책이다. 양면 가득 펼쳐진 도안을 보면 자신만의 것을 디자인해 보고 싶어진다. 자동차를 좋아하는 어린이에게는 『종이로 만드는 자동차의 역사』를 추천한다. 1908년의 포드모델T부터 2013년 롤스로이스 레이스까지, 시대별 명차를 소개하고 책을 뜯어 종이로 모형차를 만들어 보게 하는 책이다. 종이로 되어 있지만 모양을 갖추기는 꽤 어렵다. 설명을 잘 읽고 순서에 따라서, 도안에 붙은 번호를 잘 봐 가며 집중해서 만들어야 한다. 그래도 자동차를 좋아하는 어린이라면 이 과정을 잘 참고 자동차를 만들어 낸다. 심지어 어려워서 더 좋아하는 어린이도 있다.

눈 결정체는 어떻게 생겼을까요? 마크 카시노 글·사진, 박일환 옮김, 내인생의책

다윈의 꿈틀꿈틀 지렁이 연구 니즈마 아키오 글, 스기타 히로미 그림,
고향옥 옮김, 비룡소

달에 가고 싶어요 마쓰오카 도오루 글·그림, 김경원 옮김, 한림출판사

두근두근 한국사 (전 2권) 배성호 외 글, 전미화 그림, 양철북

따르릉! 야생동물 병원입니다 최협 글·그림, 길벗어린이

뚱보 방정환 선생님 이야기 이재복 글, 지식산업사

레몬으로 돈 버는 법 루이스 암스트롱 글, 빌 바소 그림, 장미란 옮김, 비룡소

마녀를 잡아라 로알드 달 글, 퀸틴 블레이크 그림, 지혜연 옮김, 시공주니어

마틸다 로알드 달 글, 퀸틴 블레이크 그림, 김난령 옮김, 시공주니어

맹꽁이 서당 (전 15권) 윤승운 글·그림, 웅진주니어

머나먼 여행 에런 베커 그림, 웅진주니어

멋진 여우 씨 로알드 달 글, 퀸틴 블레이크 그림, 햇살과나무꾼 옮김, 논장

명탐정 설홍주, 어둠 속 목소리를 찾아라 정은숙 글, 푸른책들

명화로 만나는 고운 얼굴 미운 얼굴 호박별 글, 문지후 그림, 시공주니어

모네의 정원에서 크리스티나 비외르크 글, 레나 안데르손 그림, 김석희 옮김, 미래사

몬스터과학 1: 공주의 뇌를 흔들어라! 김성화·권수진 글, 나오미양 그림, 해그림

몽실 언니 권정생 글, 이철수 그림, 창비

미라가 된 고양이 재클린 윌슨 글, 닉 샤렛 그림, 햇살과나무꾼 옮김, 시공주니어

미술관에서 읽는 그리스 신화 김영숙 글, 휴먼어린이

박시백의 조선왕조실록 (전 20권) 박시백 글·그림, 휴머니스트

밤의 초등학교에서 오카다 준 지음, 양선하 옮김, 국민서관

별똥별 아줌마가 들려주는 우주 이야기 이지유 글·그림, 창비

봉봉 초콜릿의 비밀 정은숙 글, 푸른책들

뺑이오, 뻥 김리리 글, 오정택 그림, 문학동네어린이

사람과 세상을 잇는 다리 김향금 글, 이경국 그림, 아이세움

서울의 동쪽 전우용 글, 이광익 그림, 보림

섭섭한 젓가락 강정연 글, 김선배 그림, 사계절

세상을 담은 그림, 지도 김향금 글, 최숙희 그림, 보림

손도끼 게리 폴슨 글, 김민석 옮김, 사계절

손도끼의 겨울 이야기 게리 폴슨 글, 김민석 옮김, 우리같이

수호의 하얀 말 오츠카 유우조 글, 아카바 수에키치 그림, 이영준 옮김, 한림출판사

실물크기 유물로 보는 역사 도감 서경석 글, 나는책

안 돼, 데이빗! 데이빗 섀논 글·그림, 지경사

알록달록 오케스트라 안나 체르빈스카 리델 글, 마르타 이그네르스카 그림,
이지원 옮김, 비룡소

엘머의 모험 루스 스타일스 개니트 글, 루스 크리스만 개니트 그림, 곽영미 옮김, 비룡소

어린이들의 한국사 역사교육연구소 글, 이경석 그림, 휴먼어린이

어슬렁어슬렁 동네 관찰기 이해정 글·그림, 웅진주니어

어젯밤, 아빠가 늦게 온 이유는 말이야 이치카와 노부코 글, 하타 고시로 그림,
김버들 옮김, 한림출판사

얼음 마에노 노리카즈 글, 사이토 도시유키 그림, 김숙 옮김, 북뱅크

영리한 공주 다이애나 콜즈 글, 로스 아스키스 그림, 공경희 옮김, 비룡소

옛날 사람들은 어떻게 살았을까 2 조은수 글·그림, 창비

오줌을 연구하자 야규 겐이치로 글·그림, 이선아 옮김, 비룡소

오즈의 마법사 라이먼 프랭크 바움 글, 윌리엄 월리스 덴슬로우 그림, 김영진 옮김,
비룡소

왕창 세일! 엄마 아빠 팔아요 이용포 글, 노인경 그림, 창비

용감한 아이린 윌리엄 스타이그 글·그림, 김영진 옮김, 비룡소

용이 되기 싫은 이무기 꽝철이 임정진 글, 이민혜 그림, 주니어RHK

우주는 어떻게 생겼을까? 가코 사토시 지음, 고연정 옮김, 청어람미디어

이 고쳐 선생과 이빨투성이 괴물 롭 루이스 글·그림, 김영진 옮김, 시공주니어

'일과 사람' 시리즈 이혜란 외, 사계절

좁쌀 반 됫박 김장성 글, 이윤희 그림, 사계절

즐겁게 연주해요! 가브리엘 알보로조 글·그림, 김혜진 옮김, 국민서관

지구 반대쪽까지 구멍을 뚫고 가 보자 페이스 맥널티 글, 마르크 시몽 그림,
박정선 옮김, 서돌

지구를 숨 쉬게 하는 바람 정창훈 글, 김진화 그림, 웅진주니어

직업 옆에 직업 옆에 직업 파트리시아 올 글, 프론토 외 그림, 권지현 옮김, 미세기

집으로 가는 길 히가시 지카라 글·그림, 김수희 옮김, 개암나무

캡슐 마녀의 수리수리 약국 김소민 글, 소윤경 그림, 비룡소

케첩 좋아, 토마토 싫어 수지 모건스턴 글, 원혜진 그림, 김주열 옮김, 사계절

코알라야, 새끼에게 왜 똥을 먹여? 햇살과나무꾼 글, 이선주 그림, 시공주니어

크리스마스 캐럴 찰스 디킨스 글, 아서 래컴 그림, 김영진 옮김, 비룡소

키다리 아저씨 진 웹스터 글·그림, 이주령 옮김, 시공주니어

태양이 주는 생명 에너지 몰리 뱅 외 글·그림, 이은주 옮김, 웅진주니어

피노키오의 모험 카를로 콜로디 글, 야센 기젤레프 그림, 김홍래 옮김, 시공주니어

하이디 요한나 슈피리 글, 토미 웅게러 그림, 김영진 옮김, 시공주니어

학교에 간 사자 필리파 피어스 글, 햇살과나무꾼 옮김, 논장

호시노 미치오의 알래스카 이야기 호시노 미치오 글·사진, 햇살과나무꾼 옮김,
논장

화요일의 두꺼비 러셀 에릭슨 글, 김종도 그림, 햇살과나무꾼 옮김, 사계절

화장실에 사는 두꺼비 김리리 글, 오정택 그림, 문학동네어린이

매일매일 일어나는 독서의 기적 게일 보시·조안 모저 지음, 윤예닮 옮김,
파라주니어

소설처럼 다니엘 페낙 지음, 이정임 옮김, 문학과지성사

생각을 넓혀주는 독서법 모티머 J, 애들러·찰스 밴 도렌 지음, 독고 앤 옮김, 멘토

모든 사람을 위한 과학 글쓰기 신형기 외 지음, 사이언스북스

어린이책 읽는 법
: 남녀노소 누구나

2017년 5월 14일   초판 1쇄 발행
2023년 11월 4일   초판 9쇄 발행

지은이
김소영

펴낸이	**펴낸곳**	**등록**
조성웅	도서출판 유유	제406-2010-000032호(2010년 4월 2일)

주소
경기도 파주시 돌곶이길 180-38, 2층 (우편번호 10881)

전화	**팩스**	**홈페이지**	**전자우편**
070-7731-2949	0303-3444-4645	uupress.co.kr	uupress@gmail.com

	페이스북	**트위터**	**인스타그램**
	facebook.com	twitter.com	instagram.com
	/uupress	/uu_press	/uupress

편집	**디자인**	**마케팅**
이경민	이기준	전민영

제작	**인쇄**	**제책**	**물류**
제이오	(주)민언프린텍	다온바인텍	책과일터

ISBN 979-11-85152-64-6 04020
      979-11-85152-36-3 (세트)

땅콩문고